图说全民健身体育运动丛书

铅球与铁饼

武利华 著

天津出版传媒集团

天津人民美术出版社

图书在版编目（CIP）数据

铅球与铁饼 / 武利华著 . -- 天津：天津人民美术出版社，2016.12

（图说全民健身体育运动丛书）

ISBN 978-7-5305-7756-1

Ⅰ . ①铅… Ⅱ . ①武… Ⅲ . ①铅球投掷－图解②铁饼投掷－图解 Ⅳ . ① G824.1-64 ② G824.2-64

中国版本图书馆 CIP 数据核字（2016）第 299017 号

铅球与铁饼

出 版 人：李毅峰
责任编辑：刘　岳
技术编辑：邵梦茹
出版发行：天津人民美术出版社
社　　址：天津市和平区马场道 150 号
邮　　编：300050
电　　话：(022) 58352900
网　　址：http://www.tjrm.cn
经　　销：全国新华书店
印　　刷：永清县晔盛亚胶印有限公司
开　　本：710 毫米 ×1000 毫米　1/16
版　　次：2016 年 12 月第 1 版
印　　次：2016 年 12 月第 1 次印刷
印　　张：11.5
印　　数：1－10 000
定　　价：36.80 元

版权所有　侵权必究

前言 Preface

当今时代，人人都明白"科技是第一生产力""知识就是财富"，但是，千万不能因此就忽略了对健康体质的培养。

民族复兴，体育同行。近代中国，面对民族危难，仁人志士坚信"少年强则中国强"，号召新青年"文明其精神，野蛮其体魄"。中华人民共和国成立后，党和政府十分重视青少年的健康成长，在学校教育中明确提出了"健康第一"的指导思想。当今世界，体育水平已成为衡量社会文明进步的一项重要指标。

体育作为我国社会主义教育的重要组成部分，对提高国民素质具有重要意义。球类运动作为体育的一个分支，深受人们的喜爱。球类运动集智能、技能、体能于一身，又能将健身、竞技和娱乐很好地结合在一起。长期参加球类运动，不仅能提高速度素质、力量素质，还能提高身体的灵敏性、协调性，使肌肉发达、结实，对身心健康非常有益。

为此，我们编写《图说全民健身体育运动丛书》，真切希望能为体育运动爱好者全面认识和了解丰富多彩的体育运动、选择出适合自己的运动项目提供一个平台，为他们更好地掌握科学的锻炼方法、获得运动健康知识提供一个窗口，从而为阳光快乐体育运动的顺利开展和有效实施做出微薄的贡献！

《图说全民健身体育运动丛书》由知名体育院校的专家学者历经数年编写而成，是他们多年实际教学经验的积累与总结。与市面上已出版的同类图书相比，本套丛书具有以下特点。

（1）全面性。本套丛书几乎涵盖了生活中所有常见的运动项目，共100本，其中既包括了足球、垒球、排球、网球等常见的球类运动，又包括了跆拳道、柔道、散打等重竞技的体育运动；还包括了健美操、太极、瑜伽、普拉提等较为休闲的体育运动。方便读者全面认识和了解丰富多彩的体育运动，根据自己的兴趣爱好、身体素质及学习和生活状况来选择适合自己的运动项目。

（2）针对性。本套丛书面向所有体育运动爱好者，以方便体育运动爱好者阅读，能够指导他们学与练为编写原则，处处以体育运动爱好者为本；在内容的选取上紧紧围绕"入门与技巧"及"体育与健康"，极具趣味性和指导性。

（3）新颖性。本套丛书将体育运动的理论和体育运动的学、练方法融为一体，以图解的方式详细阐述，信息量大、知识丰富，有利于不同层次的人员自主选择阅读；既有一般常识的引入，又有较深知识的推介，具有相当的吸引力。

（4）权威性。本套丛书是国内众多体育院校的老师在深入实践的基础上，对各类体育运动技术、战术等相关内容进行高度浓缩和提炼后精心编写而成的，涵盖了大部分体育运动的重点内容，极具权威性和指导性。

（5）实用性。与同类图书相比，本书在内容上更短小精悍，在编写理念上追求"轻松阅读"，在功能上更加"简明实用"。不但是广大体育运动爱好者的首选学习用书，也是相关体育院校日常教学、培训的必备参考资料。

前言不过是个引子，真正丰富的是书中的内容。相信我们的努力，定会给您带来意想不到的收获！由于时间紧迫，书中难免有误漏之处，敬请广大读者批评指正。

目录 Contents

chapter 1
铅球的起源

第 1 节　铅球的起源 / 002

第 2 节　铅球技术的演变 / 004

第 3 节　女子铅球运动的发展 / 007

第 4 节　铅球技术发展现状 / 008

chapter 2
铅球的场地和规则

第 1 节　铅球的器材 / 012

第 2 节　铅球的装备 / 013

第 3 节　铅球的场地设施 / 014

第 4 节　铅球的比赛规则 / 016

第 5 节　投掷运动术语 / 019

chapter 3
推铅球技术战术

第 1 节　推铅球前的准备 / 026

第 2 节　推铅球的投掷准备 / 028

第 3 节　推铅球滑步的配合 / 029

第 4 节　推铅球的重点 / 033

第 5 节　推铅球的旋转技术 / 035

第 6 节　推铅球投掷出手 / 040

chapter 4
推铅球的基础练习

第 1 节　推铅球的身体素质训练 / 044

第 2 节　推铅球技术中的节奏训练 / 046

第 3 节　推铅球的组合训练 / 048

第 4 节　推铅球左侧支撑制动的训练 / 053

第 5 节　推铅球的异侧手作用 / 054

第 6 节　推铅球错误动作 / 056

第 7 节　运动员心理训练 / 061

目 录 / contents

chapter 5
推铅球技术练习

第 1 节　推铅球技术训练 / 066

第 2 节　推铅球滑步技术练习 / 070

第 3 节　推铅球旋转技术练习 / 073

第 4 节　推铅球技术特点 / 076

第 5 节　推铅球的赛前训练 / 077

第 6 节　推铅球的战术技巧 / 079

chapter 6
铅球的赛事和裁判

第 1 节　铅球主裁判的工作职责 / 084

第 2 节　铅球比赛的工作方法 / 084

第 3 节　铅球比赛的问题和预案 / 092

第 4 节　残奥会铅球级别 / 093

第 5 节　铅球运动的赛事组织 / 094

chapter 7
赛前准备与礼仪

第 1 节　运动员赛前准备活动 / 100

第 2 节　铁饼、铅球比赛的观看礼仪 / 104

第 3 节　运动员参赛心理 / 106

chapter 8
铁饼的起源

第 1 节　铁饼的起源 / 108

第 2 节　铁饼技术的演变 / 111

第 3 节　铁饼运动历史纪录 / 114

第 4 节　铁饼运动器械的发展 / 116

第 5 节　铁饼技术的现状 / 117

目 录 / contents

chapter 9
铁饼的场地和规则

第 1 节　铁饼的器材 / 124

第 2 节　铁饼的装备 / 125

第 3 节　铁饼的场地设施 / 125

第 4 节　铁饼的比赛规则 / 127

chapter 10
掷铁饼技术战术

第 1 节　掷铁饼的基本技术 / 130

第 2 节　掷铁饼的换脚技术 / 134

第 3 节　掷铁饼的不换脚技术 / 140

第 5 节　掷铁饼的其他练习 / 142

chapter 11
掷铁饼的练习方法

第 1 节　掷铁饼基础技术训练 / 150

第 2 节　掷铁饼各环节基本要点 / 152

第 3 节　掷铁饼力量训练 / 155

第 4 节　铁饼的专项力量训练 / 156

第 5 节　利用气体力学提高成绩 / 158

第 6 节　掷铁饼易犯错误 / 160

chapter 12
掷铁饼的赛事和裁判

第 1 节　铁饼比赛裁判的编制 / 162

第 2 节　铁饼比赛主裁判的职责 / 162

第 3 节　铁饼比赛裁判员职责 / 163

第 4 节　裁判员在比赛中工作 / 167

第 5 节　裁判工作重点难点 / 170

第 6 节　铁饼运动的赛事组织 / 171

chapter 1

铅球的起源

铅球属于投掷类运动项目，它是建立在运动员身体的韧性、弹性、柔软性的基础上，以自然顺畅的腿、腰动作，带动肩、臂、腕等，使手的移动加快，完成强有力的投掷的运动。

铅球与铁饼

第1节 铅球的起源

铅球是世界田径赛场上的传统项目。在远古时期，面对严酷的自然环境和原始低下的生产力，人类要在地球上生存延续下去，不仅要跑得快，或迅速跳越障碍去追捕各种动物，或逃避猛兽的伤害，而且还要学会利用工具把石头、梭标、鱼叉等投得又远又准，以便击中猎物而获得食物。

奴隶制时期，随着人类的发展、社会的进步，掷重石已成为重要的作战方法。为了提高各自的战斗力，掷重石就被当作重要的训练手段。古希腊时期，曾一度流行着投掷石块的比赛，并将此作为选拔大力士的重要标准。

铅球的起源

相传，在公元1150年左右，希腊雅典举行过一次规模宏大、声势浩大的掷重圆石比赛。根据规定，大力士们把圆石高高举起投向远方，以投掷距离的远近来决定胜负。这可说是铅球运动的前身。

大约在公元1340年，欧洲出现了世界上第一批炮兵，用的是火药炮。炮弹是用铁铸成的，样子像个圆球。一个炮弹的重量是16磅，合7.257kg。为了使得炮手作战时装填炮弹熟练、迅速、敏捷，以提高军队的战斗能力，希腊人就在日常训练中让士兵用同炮弹重量大小相当的石头练习，并进行比赛。后来又用废弃的铅制炮弹代替石头进行模拟训练，这才是现代铅球的直接起源。

再之后，这一训练从部队流入民间，慢慢地变成了投掷铅球的游戏，并且很快得以传播，成为广受群众欢迎的体育竞赛项目。1896年，铅球成为第一届奥运会投掷比赛正式项目。从诞生之日起，它就一直是大力士的宠儿，铅球运动使得各国大力士能一展自己的雄风。

推铅球起源于古代人类用石块猎取禽兽或防御攻击的活动。现代推铅球始于14世纪40年代欧洲炮兵闲暇期间推掷炮弹的游戏和比赛，并逐渐形成体育运动项目。

铅球的制作经历了用铁、铅以及外铁内铅的过程。正式比赛男子铅球的重量为7.26kg，直径11~13cm；女子铅球的重量为4kg，直径为

铅球与铁饼

9.5~11cm。早期推铅球没有固定的方式，可以原地推，也可以助跑推；可以单手推，也可以双手推。还出现过按体重分级别的比赛。最初采用原地推铅球技术，后逐渐发展到侧向推、上步侧向推。

推铅球最初的比赛只是规定在一条直线后面完成投掷动作，运动员可以采用原地姿势或各种形式的助跑投掷。随后演进成在边长7英尺（相当于2.135米）的方形场地上完成投掷动作进行比赛。后来才改为在直径2.135米的圆圈内推掷铅球，并且规定了铅球必须在直角的扇形区内落地才是有效成绩。

20世纪50年代，美国运动员奥布莱恩发明背向滑步推铅球技术，该技术被称为"铅球史上的一场革命"。70年代，苏联运动员巴雷什尼科夫发明旋转推铅球技术，由于旋转后难以控制身体平衡，至今只有极少数运动员使用。

比赛时，运动员应在直径2.135米的圈内，用单手将球从肩上推出，铅球必须落在落地区角度线以内方为有效。男、女铅球运动分别于1896年和1948年被列为奥运会比赛项目。

第 2 节 铅球技术的演变

推 铅球运动从产生至今，虽然已经历经了660多年的发展过程。但技术演进的最大变化还是伴随着现代奥林匹克运动的发展，发生在进入20世纪至今的这100多年里，技术发展大体上经历了以下四个阶段：

第一阶段（1896—1928年）

侧向滑步推铅球技术较之以前的原地推铅球和垫步推铅球，增加了预先水平速度和有关肌肉的预紧张程度，减小了身体重心的起伏，加快了下肢移动的速度，提高了铅球出手的初速度。

19世纪末，推铅球的世界最好成绩是14.32米。1896年第一届奥运会铅球比赛上，美国选手加雷特仅以11.22米就获得冠军。这种技术的典型代表是美国运动员罗斯，他于1909年创造了15.545米的第一个正式的世界纪录，并保持了19年之久。

在1912年斯德哥尔摩举行的第五届奥运会上，除传统的推铅球比赛外，又增加了一项用左、右手推铅球的比赛，成绩评定方法是将左手和右手推掷的距离相加决定名次。结果，美国运动员罗斯以27.70米获得冠军。之后，罗斯还获得了1904年第三届奥运会和1908年第四届奥运会推铅球比赛的冠军。

第二阶段（1929—1952年）

半背向滑步推铅球技术与侧向滑步推铅球技术相比，加大了最后用力的工作距离，较充分地发挥了腰部力量。这种技术的代表人物是美国运动员富克斯，他于1950年创造了17.95米的世界纪录。

第三阶段（1953—1972年）

背向滑步推铅球技术与半背向滑步推铅球技术相比，滑步速度快，加速距离长，动作协调合理，并能充分发挥出腰、腿部的力量，有利于提高铅球出手时的初速度。滑步技术主要是通过运动员在投掷圈后部，支撑腿向投掷方向蹬伸和摆动腿向身后迅速摆动动作的配合完成最后用力前人体和铅球的预先加速的，继而进入最后用力完成推球动作。

它的突出特点是简洁有效，易于掌握。美国运动员奥布莱恩于1953年创造了背向滑步推铅球技巧，并在第十五、十六届奥运会上分别以17.41米和18.57米获得冠军，先后10次创造世界纪录，成为田径运动史上最杰出的运动员之一。因此，这种技术的别名叫做奥布莱恩式推铅球技术。

第四阶段（1973年至今）

背向滑步与旋转推铅球技术并存阶段，出现了许多新的推铅球技术形式。以美国运动员费尔巴哈为代表的背向滑步转体推铅球技术，并创造了21.82米的世界纪录；以苏联运动员巴雷什尼科夫为代表的背向旋转推铅球技术，并以22.00米的成绩创造了世界纪录；以民主德国运动员蒂默曼为代表的背向滑步"短长节奏"推铅球技术，并创造了23.06米的世界纪录。

与传统的背向滑步推铅球技术相比，这几种技术更有利于发挥最后用力前的预先水平速度，加长最后用力的工作距离，动员更多的肌群参与运动，从而达到提高铅球出手初速度的目的。

第 3 节　女子铅球运动的发展

目前，运动员所采用的推铅球技术主要有背向滑步推铅球和背向旋转推铅球两种形式，两种技术各有千秋。在奥运会、世界锦标赛等国际大赛上，已经有越来越多的男子运动员采用旋转推铅球技术，并且取得优异的成绩。现在的男子铅球 23.12 米的世界纪录就是由美国运动员巴恩斯采用旋转推铅球技术于 1990 年 5 月 20 日在西伍德创造的。我国男子铅球 19.78 米的全国纪录是由辽宁运动员马永丰保持的。

女子铅球的开展起步较晚，第一个世界纪录 9.37 米，是奥地利运动员克普尔于 1926 年取得的，但她当时使用的铅球重量是 5kg。第一个采用标准 4kg 铅球创造的世界纪录是德国运动员毛尔梅尔于 1934 年创造的，成绩是 14.38 米。女子铅球于 1948 年才被正式列为奥运会比赛项目，第一块奥运会金牌获得者是法国的奥斯特迈尔，成绩是 13.75 米。从此以后，背向滑步推铅球技术一直在女运动员中占主导地位，直到目前也很少有女运动员采用其他技术形式参加国际重大比赛。

在女子铅球运动的发展中，苏联运动员起了巨大的推动作用。代表人物当数 20 世纪 50 年代的济宾娜、60 年代的普雷斯、70 年代的奇约娃和 80 年代的利索夫斯卡娅。

第4节 铅球技术发展现状

推铅球是以力量为基础、速度为核心的速度力量型项目。推铅球运动有着悠久的历史，在其漫长的发展过程中，技术的改进和训练方法的完善推动了成绩的不断提高。推铅球技术是由最初的原地推逐渐演变到侧向滑步推、背向滑步推和旋转推。

目前采用旋转推铅球技术的男子选手在世界大赛中占有一定优势，而女子选手大都采用背向滑步推铅球技术。但不管采用何种技术，其最佳技术的标准是一样的，即运动员在最短的时间里沿着最长的工作距离施予铅球最大的作用力。

今后的推铅球技术发展趋势是以发挥运动员个人优势身体素质和个人身体形态特点为前提，在原有推铅球技术的基础上设计符合个人特点的专项技术。

相对于男子旋转推铅球而言，女子采用旋转推铅球技术具有器械轻、旋转距离小、平衡能力强等方面优势。设计符合女运动员身体形态和运动技能特点的旋转推铅球技术是今后女子铅球水平的突破口。

中国女子铅球运动现状令人担忧

区区19米，已经成了中国女子铅球选手一道难以逾越的坎。在2001年举办的九运会女子铅球决赛中，老将辉煌不再，新秀实力有限，曾经红火的中国女子铅球现状令人担忧。

首次参加成人比赛的河北小将李梅菊夺得冠军，成绩只有18米92，而八运会冠军隋新梅的成绩是20米25。

当天的铅球决赛是一场"四世同堂"的比赛：50年代的李梅素、60后的张榴红、70后的程晓艳和80后的李梅菊。

"这么多老将和新人挤在一起比赛，还不是因为现在铅球水平低。"河北队教练何增生感叹。

九运会田径女子铅球比赛报名成绩可谓很"惨"：19名选手的报名成绩最好的18米67，最差的仅为16米96。13年前李梅素创造的21米76的亚洲纪录，年轻一代可望而不可及。

老将已难现昔日的辉煌，隋新梅在19日的女子铅球及格赛上，只投出了16米67，在参赛的19名选手中排名第十四，未能进入决赛；进入决赛的李梅素也只投出了18米39，在8名决赛选手中垫底。

黄志红是世界冠军，隋新梅是奥运会银牌得主，李梅素也得过奥运会铜牌，"三驾马车"曾谱写过中国女子铅球最辉煌的诗篇。

"我太热爱铅球了，再说这几年中国女子铅球青黄不接，我参加九运会，想发挥一个老队员的带头作用。"李梅素赛后说。

培养了李梅素的何增生认为，要想重振中国女子铅球的辉煌，应该从科学训练上着手，同时集中全国优秀教练员在一起，共同探讨中国女子铅球发展之路，以交流促发展。

这位在铅球界工作了50多年的资深教练说："今年7月，我带队在'马家军'那里训练了一个月，确实学到了很多东西。学习太重要了，我今年63岁了，还得不停学习。中国女子铅球界，必须大兴学习之风！"2013年9月，在十二届全运会田径女子铅球决赛中，河北选手巩立姣夺冠。在第二投中，巩立姣依旧投出18.96米，李梅菊则投出17.48米的成绩。

chapter 2

铅球的场地和规则

铅球和铁饼等投掷类运动,对场地、器材的要求比较高。场地、器材直接关系到练习者和周围人群的安全,所以练习之前要严格检查场地、器材是否符合安全标准,以免在运动中受伤或伤及他人。

铅球与铁饼

第 1 节　铅球的器材

各项投掷运动所需器材各不相同，对其规格和构造也有不同的要求。铅球应用固体的铁、铜或其他硬度不低于铜的金属制成，或由此类金属制成外壳，中心灌以铅或其他金属。铅球的外形必须为球形，表面不得粗糙，结点处应光滑。一般铅球的重量和直径会有明确的规定。

1. 成年男子组铅球重量为 7.26kg，直径 11~13cm；
2. 成年女子、少年女子甲组铅球重量为 4kg，直径 9.5~11cm；
3. 少年男子甲组铅球重量为 6kg，直径 11~12cm；
4. 少年男子乙组铅球重量为 6kg，直径 10~11cm；
5. 少年女子乙组铅球重量为 3kg，直径 9~10cm。

在比赛中，只许使用组委会提供的器材，在比赛中不许改变。不允许运动员携带任何器材进入比赛场地。

注：女子甲级使用的铅球与成年女子相同。

铅球的场地和规则 / chapter

第 2 节　铅球的装备

投掷运动属于爆发力强的运动，从事这类运动时，所穿服装和鞋必须能够使力量在瞬间爆发。

服装

投掷运动对服装没有太高的要求，不束缚身体活动即可，但是在参加各种比赛时一般应穿指定服装。

投掷鞋

从事投掷运动时，由于身体动作幅度较大，因此对鞋的要求较高。如果条件允许，应穿专门的投掷鞋。在雨天或投掷圈有积水时，鞋底较强的防滑性会更有利于动作的完成。

初学者穿着软底鞋会感觉到脚疼，随着投掷水平的提高，可以选择硬底的运动鞋。

铅球与铁饼

第3节 铅球的场地设施

场地

铅球场地是田赛场地设施之一。由投掷圈、限制线、抵趾板和落地区组成。投掷圈用厚0.6cm铁板、钢板或其他材料围成直径2.135米的圆圈，漆成白色。圈内地面用混凝土、沥青或其他坚硬、不滑的材料铺成。

铅球场地画法以2.135米为直径画圆，以其中点为圆心O，面对投掷方向在圆内画一条直径，交圆周于A、B两点；过O作一条直线OC=10

米并垂直于 AB；过 C 作一条直线 DE 平行于 AB，其中，CD=CE=3.64 米；连接 O 和 D 点、O 和 E 点，并延长 OD、OE。则角 DOE 为 40°角的扇形为铅球落地区。

限制线

从金属圈顶两侧向外各画一条宽 5cm、长至少为 75cm 的白线。此线可以画出，也可用木料或其他适宜材料制成。白线后沿的延长线应能通过圆心，并与落地区中心线垂直。

投掷圈

投掷圈应用铁、钢板或其他适宜材料制成，其上沿应与圈外地面齐平。圈内地面应用混凝土、沥青或其他坚硬而不滑的材料修建。圈内地面应保持水平，低于铁圈上沿 14~26mm。也可使用符合上述规定的活动投掷圈。

投掷圈内沿直径应为 2.135 米（±5mm）。铁圈边沿至少应厚 6mm，漆成白色。

抵趾板

抵趾板应用木料或其他适宜材料制成，漆成白色，其形状应为弧形，以便使其内沿与铁圈内沿重合。应将抵趾板安装在两条落地区角度线之间的正中位置，并固定于地面。

注：可以使用国际田联以前规定的抵趾板宽度为 11.2～30cm，内沿弧长 1.22 米（±1cm），高出圈内地面 10cm（±2mm）。

落地区

落地区用煤渣或草地以及其他适宜材料铺设落地区，铅球落地时应能留下痕迹。用宽 5cm 的两条白色角度线标明，线宽不包括在落地区有效面积内，角度线的内沿延长线通过投掷圈圆心，夹角为 34.92°。

落地区地面沿投掷方向的向下倾斜度不得超过 1∶1000。在两角度线的外侧每隔 1 米放置距离标志牌。铅球落地扇形角度应该为 34.92°。可用醒目的旗帜或标志物标出每名运动员的最好成绩，放置标志物时，应沿落地区角度线方向放置在角度线外侧。

注：可用下列方法精确设置 40°扇形落地区：在离投掷圈圆心 20 米处，二条落地区角度线相距 13.68 米，即每离开圆心 1 米，落地区角度线的横距增 68.4cm。

第 4 节 铅球的比赛规则

1. 应抽签决定运动员试掷顺序。

2. 运动员超过 8 人，应允许每人试掷 3 次，有效成绩最好的前 8 名运动员可再试掷 3 次，试掷顺序与前 3 次试掷后的排名相反。如果在第 3 次试掷结束后出现第 8 名成绩相等，按规则处理。当比赛人数只有 8 人或少于 8 人时，每人均可试掷 6 次。

3. 比赛开始前，运动员可在比赛场地练习试掷，练习组应按抽签排定的顺序进行，并始终处于裁判员的监督之下。

4. 一旦比赛开始，运动员不得持器械练习，无论持器械与否，均不得使用投掷或落地区以内地面练习投掷。

5. 应从投掷圈内将铅球推出。运动员必须从静止姿势开始试掷。允许运动员触及铁圈和抵趾板的内侧。

6. 应用单手从肩部将铅球推出。当运动员进入圈内开始试掷时，铅球应抵住或靠近颈部或下颌，在推球过程中持球手不得降到此部位以下。不得将铅球置于肩轴线后方：

（1）不允许使用任何装置对投掷时的运动员进行任何辅助，例如使用带子将两个或更多的手指捆在一起。除了开放性损伤需要包扎以外，不得在手上使用绷带或胶布。

（2）不允许使用手套。

（3）为了能更好地持握铅球，运动员可使用某种适宜物质，但仅限于双手。

（4）为了防止手腕受伤，运动员可在手腕处缠绕绷带。

（5）为防止脊柱受伤，运动员可系一条皮带或其他适宜材料制成的带子。

（6）不允许运动员向圈内或鞋底喷洒任何物质。

7. 运动员进入圈内开始投掷后，如果身体的任何部位触及圈外地面，或触及铁圈和抵趾板上面，或以不符合规定的方式将铅球推出，均判为一次投掷失败。

8. 如果在投掷中未违反上述规定，运动员可中止已开始的投掷，将器械放在圈内或圈外，在遵守本条前提下，可以离开投掷圈，然后返回圈内从静止姿势重新开始投掷。

注：本款中允许的所有行为应包括在规则中规定的一次投掷的时限之内。

9. 铅球必须完全落在落地区角度线内沿以内，试掷方为有效。

10. 每次有效试掷后，应立即测量成绩。从铅球落地痕迹的最近点取直线量至投掷圈内沿，测量线应通过投掷圈圆心。

11. 运动员在器械落地后方可离开投掷圈。离开投掷圈时首先触及的铁圈上沿或圈外地面必须完全在圈外白线的后面，白线后沿的延长线应能通过投掷圈圆心。

12. 应以每名运动员最好的一次投掷成绩，包括因第一名成绩相等而进行的决名次赛的试掷成绩，作为其最后的决定成绩。

13. 在比赛过程中，运动员如果有下列违反规则的行为，则会被判犯规，成绩无效：

（1）超出时间限制。

（2）投掷铅球和标枪技术不符合规则规定（规则要求铅球和标枪必须由单手从肩上掷出）。

（3）触及抵趾板前端。

（4）铅球落在投掷区域外。

（5）铅球低于肩部。

（6）进入投掷圈后，未能暂停或者展示控制。

（7）投掷时间超过 90 秒。

（8）计分 6 次投掷后，有效投掷距离最远的选手获胜。

（9）在投掷过程中，身体和器械的任何一部分不得触及投掷圈铁圈上沿或圈外的地面和标枪投掷弧、延长线以及线以外地面任何一部分，包括铅球抵趾板的上面，否则即为投掷失败。

（10）只有当器械落地以后，运动员才允许离开投掷圈或助跑道。标枪运动员在投出的枪落地前，不能在投掷后转身完全背对其投出的标枪。完成投掷后，链球、铁饼和铅球运动员必须从投掷圈后半圈的延长线后面退出。标枪运动员必须从投掷弧以及延长线以后退出。

（11）在没有犯规的情况下，参赛者可以中止已开始的试掷动作，将器材放下以后暂时离开投掷区，并重新开始，但是必须在规定的时限内完成投掷。

（12）参赛者可以在比赛期间离开比赛区域，但必须由裁判员许可并由裁判员陪伴。

（13）比赛过程中，运动员不能在比赛场地使用以下电子设备：摄像机、便携式录放机、收音机、CD 机、报话机、手机、MP3 以及类似的电子设备。

第 5 节 投掷运动术语

左侧支撑

田赛投掷项目技术动作之一。以右手投掷为例，当运动员完成助跑、滑步或旋转到最后一步，即右脚落地后，左脚必须紧接落地，以左脚、左腿和左肩形成牢固的左侧支撑，以制止下肢继续向前移动，免使助跑、

铅球与铁饼

滑步或旋转中形成的超越器械动作遭到破坏，降低最后用力的效果。

出手初速度

　　投掷项目术语之一。器械出手时的瞬时速度，是决定投掷成绩的主要因素。根据抛体运动原理，器械飞行距离与出手初速度的平方成正比，故应尽量增大出手初速度。其大小取决于合理的投掷技术和器械出手时的力量与方向：

　　（1）在较长的工作距离内用较短的时间完成用力出手动作。

　　（2）要把全身力量作用到器械上，特别是要正确运用躯干和腿部肌肉群的力量。

　　（3）用力方向必须与器械出手时的飞行方向一致。

出手高度

投掷项目术语之一。是影响投掷成绩的因素之一。对投掷距离较近的项目影响较大。

地斜角

田赛投掷运动术语。田赛投掷项目中器械的出手点和落地点的连线与地平线所形成的夹角（仰角）。其正切值等于出手高度除以器械飞行的远度。运动员常根据地斜角的影响和器械所受的空气阻力以及滑翔作用，决定适宜的投掷角度。

仰角

田赛投掷运动术语。田赛投掷项目中投掷器械出手瞬间，器械的纵轴线与水平线之间的夹角。

迎角

也称"攻击角"。田赛投掷运动术语。田赛投掷项目中铁饼、标枪掷出后，其飞行时的纵轴线与气流方向之间的夹角。在一定范围内，与铁饼、标枪的升力成正比。

超越器械

田赛投掷项目技术动作之一。在投掷运动中，器械未出手时，身体赶超于器械之前，称"超越器械"。动作一般在助跑中加速的情况下完成。投掷项目助跑的最后阶段，躯干和下肢采取更快的速度前进，超前于器械，呈下肢在前上体在后的倾斜姿势，而器械则落在身体后方，使器械所处位置到投掷出手之间，有较长的工作距离，为最后用力并提高成绩创造有利条件。

最后用力

田赛投掷项目技术动作之一。在交叉步右脚落地后和左脚着地前开始用力，要求右腿旋内并有力蹬送髋部，使之加速前移，完成髋轴转向投掷方向。同时左脚快速落地，形成双脚支撑，为髋和躯干肌肉用力提供稳固支点。继以送髋、转腰、挺胸，使躯干形成"满弓"姿势，保证以髋关节为轴的"鞭打"用力动作的完成，增加用力工作距离，缩短用力时间并集中全力作用于器械上，使之投掷得更远。

投掷助跑

投掷项目术语之一。是使投掷者和器械获得一定的预先速度，做好投掷前的"超越器械"动作，为最后用力发挥最大的力量和速度创造有利条件。是投掷技术的组成部分。各项投掷运动的场地和投掷方式不同，助跑的形式各异。一般分为直线前进和旋转前进。

投掷步

田赛投掷运动术语。田赛投掷项目中掷标枪和掷手榴弹的助跑技术。一般采用五步或七步完成。以掷标枪项目五步投掷步右手持枪为例，当运动员助跑至最后五步时，左脚踏地，右腿向前迈第一步，同时右肩右转，开始向后引枪；右脚着地，左腿向前迈第二步，同时右肩继续后转并完成引枪动作，左肩侧向投掷方向；接着右脚在左腿前交叉迈出第三步；第三步右脚未落地，左腿即积极前迈第四步；此四步全部在继续加速中进行，并同时做好超越器械、左侧支撑动作，紧接最后用力，把标枪掷出；第五步为枪出手后，右足再迈前一步并降低重心，以为缓冲。

交叉步

田赛投掷运动术语。田赛掷标枪、掷手榴弹助跑投掷步倒数第二步技术。投掷时，当倒数第三步左脚落地后，倒数第二步右腿膝关节自然弯曲，以大腿带小腿，从左腿前有力地向前摆出，由于左腿的蹬伸，形成两腿在空中瞬间交叉的姿态，加速两腿向前移动速度，并完成超越器械动作，为最后用力创造有利条件。交叉步的长短，取决于助跑速度和左腿蹬地力量以及髋部转动角的状态。

扣锁握法

也称"锁握"。掷链球时握住链球柄环的方法。左手的手指中段指节弯曲成钩形，勾握柄环，右手指扣握在左手指的指根部，左手的拇指扣握右手拇指，并交叉相握成扣锁状，以防脱落。

动作幅度

动作幅度是指运动员作用于铅球的工作距离，工作距离是影响铅球运行时加速的主要因素之一。所以，从某种程度上来说，没有动作幅度就没有动作速度。

推铅球技术的动作幅度外形的表现是运动员身体重心的移动距离、铅球的运行速度，内在的表现是肌体各环节肌群收缩的累加距离。

高水平的铅球运动员动作幅度的内在表现距离一定会远远地大于一般运动员，虽然两者的外在表现距离值无显著性差异。这就提示每一位教练员必须重视推铅球技术各环节在结构上的完整性和节奏上的顺序性。

动作速度

动作速度是指快速完成某一个动作的速度（如滑步、旋转和最后用力的速度），各环节的动作速度是决定铅球飞行远度的主要因素。所以，从某种程度来说，动作速度是反映专项技术合理与否的主要指标。

动作速度的效益不能简单累加，连续地逐渐加快直至出手拨指时达到最高速是增加其效益的最基本原则。

动作方向

动作方向是指完成某一个动作的方向（如摆腿方向、推球方向等），各环节动作方向是决定动作实效性的主要因素。所以，从某种程度来说，动作方向是确保动作速度达到最佳推球效率的基本条件。

chapter 3

推铅球技术战术

无论是体育爱好者，还是专业运动员，学习一个体育项目，掌握基本技术是关键。尤其是初学者，扎实的基本功是技术水平提高的前提条件，只有熟练地掌握了基本技术，才能更好地挖掘自己的潜能。

铅球与铁饼

第1节 推铅球前的准备

帕里·欧伯恩的滑步技术现已在全球范围内被广泛使用。大多数的投掷者认为滑步技术相对于旋转技术要简单易行。铅球的世界纪录是23.13米,由旋转技术使用者兰迪·巴恩斯创造。女子铅球的世界纪录是22.606米,由俄罗斯的纳塔拉·里索夫斯卡亚创造,而她是一位采用滑步技术的运动员。世界上使用滑步技术而投掷最远的运动员是民主德国的伍尔夫·提摩门,他掷出23.12米。米歇尔·卡特曾在高中的一次正式比赛中采用滑步技术投掷5.4kg铅球,他的成绩达到了24.77米。通常,我们认为强壮的投掷者更适合滑步技术,而矮小健壮有力的投掷运动员最好采用旋转技术。

握球和持球

握法:握球的手要五指自然分开,将球放在食指、中指、无名指的指根处,拇指和小指贴在球的两侧。为维持铅球的稳定性,初级运动员可把铅球更靠近指根处,高水平运动员可将球适当向手指上方移,以利于发挥手指的拨球力量。托好球后,手腕自然背屈,铅球的重心固定在食、中指的指根或第二指骨处。

持球站立:握好球后,将球放置在右颈部锁骨窝处,球体紧贴颈部,右臂屈肘,自然外展,掌心向外,上臂与身体夹角约呈45°;运动员背对投掷方向,右脚尖紧贴投掷圈后端内沿站立,体重均衡地落在右腿上;左脚脚尖触地,位于体后约20~30cm处,左腿呈放松状态;躯干和头部保持正直,髋向上略有提升,目视前方,注意力集中于将要开始的起动动作；左臂自然上举，或者由肩上转向胸前，保持身体的扭紧，维持身体平衡。

预备动作要领

预备动作是运动员进入滑步状态前的身体姿态调节过程，对铅球运行距离的长短起着重要的作用，也为顺利地进行滑步创造条件。

常见的有以下三种方法：

方法一：由低姿状态开始的预备动作。持球站立好以后，上体前俯约与地面平行，弯曲，身体重心落于右腿上，左腿后伸以脚尖点地，左臂自然下垂，两眼目视前下方，持球臂肘部自然下垂，部分上体在空间探出体外，待姿态稳定后，顺势向后摆动左腿开始滑步。

从动作上看，运动员由下蹲状态进入滑步，铅球处于较低部位，身体由平衡状态开始，比较利于稳定重心，但是采用这种开始姿势需要运动员具有强大的腿部力量，才能发挥滑步的特有效果，因此只有少数优秀运动员采用这种预备姿势。

方法二：姿势是从较高的姿态开始运动。运动员持球站立好以后，采用平稳从容的动作，上体逐渐前倾，躯干接近水平位置的同时，左腿向后上方抬起，右腿膝关节微屈，体重均匀地分布在整个右脚掌，头部和躯干位置关系没有变化。伴随着左腿的回收，右腿的髋、膝关节主动弯曲，身体各部分都向右腿一侧靠拢，运动员呈团身状态。并且髋部略向投掷方向移动，为进入滑步阶段做好准备。

这种高姿态预备动作的优越性在于滑步开始时，右腿肌肉发力较为容易，身体重，腰起伏较小，完成最后用力比较自然。许多优秀运动员采用这种预备动作。

方法三：姿势与前面所介绍的两种方法有所不同。运动员持球站稳后，从容不迫地向前屈体，同时左腿向后伸展，左臂保持平伸。上体前屈至接近与地面水平时，从侧面看，整个身体形成一个"T"字形。待稳定后，顺势做团身动作。上体有节奏地加深前俯。约与地面平行，与此同时，左腿屈膝靠近右膝，左臂稍下垂，身体重心向投掷方向移送，接着利用团身的反弹，左腿向后摆出，开始滑步。

　　这种预备动作基本上集中了前两种姿势的优点，便于运动员集中注意力，稳定情绪，取得平衡，更利于发挥躯干及上肢的力量，所以多被优秀运动员采用。

　　在现代竞技比赛中，也有许多运动员在完成预备团身动作时，加大躯干的扭转程度，把左肩扭至右膝前上方，更加充分地拉长躯干肌群的长度，以便发挥更大的力量。因此说无论运动员采用哪种预备姿势，都必须结合本人特点与习惯，使优势得到充分的发挥。

第2节　推铅球的投掷准备

　　站在投掷圈内，双脚分开齐肩宽。身体重心的60%落在右脚上，40%落在左脚上。右脚放在投掷圈的圆心附近，面向9点钟方向，而左脚靠近抵趾板。

　　大拇指放平，四指将铅球扣在颈部，将双肩转向投掷圈后侧，使头部与放在投掷圈前端的左脚大致形成一条直线。左臂放松，随着身体摆动而伸出，离开体侧。这便是全部的投掷准备。无论使用什么样的铅球，也无论采用旋转技术还是滑步技术，铅球出手前的投掷准备基本如此，原地推铅球阐明了一切。

投掷出手

　　从投掷准备开始，第一个动作来自右脚。推动脚后跟，向投掷方向转膝，展开扭曲的身体。这种身体上有力地展开、提拉、推送将身体的中心线从臀部、胸部、肩膀，最后转移到手臂、手腕、手。此时，器材得到来自旋转、直线和垂直方向力量的叠加。位于抵趾板的制动左腿在力量向前、向上转移的过程中尽量不要加力。制动一侧腿抑制住身体的旋转，这样将全部力作用到器械上，推出铅球。

右腿带动臀部转动，转向左腿，带动肩膀和铅球。因为在推掷铅球前身体呈扭曲状，右膝旋转的同时带动左臂甩开。当左臂甩至胸部平行线位置时，它随着胸部转动，就好像用左臂去推开一扇门。当身体转至投掷方向时，左臂停止或阻止肩部进一步的旋转。想象在抵趾板上左侧竖立一个杆子，左手握杆，推铅球时将左侧上半身紧紧锁在固定的位置上。投掷过程中，头部向后甩至一个固定的位置，将动力全部作用于铅球上。推掷铅球时，由双腿完成身体的提拉、蹬转。

跟进动作

原地推铅球有两个完成方式：原地正面推球以及原地侧面推球。原地正面推球需要双脚摆放准确，因此需首先掌握平衡技术。出手时，双脚重心转移，右脚移向抵趾板，同时左腿后蹬并保持住身体平衡，这就是原地正面推球。而原地侧面推球在出手时需要双腿跳起交换，在右侧身体向前、向上、旋转带动左侧身体时，铅球顺势出手，此时能够将动力最大限度地作用于铅球上。右脚靠着抵趾板，为保持身体平衡，左腿后抬，伸向投掷圈圆心。

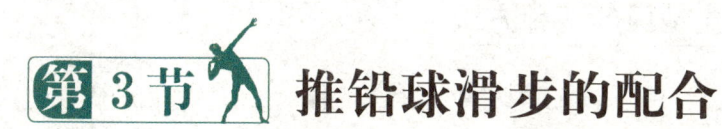

第3节 推铅球滑步的配合

滑步是指在直径2.135米的投掷圈内，同原地推球相比能够产生更多动力的有效快速移动，这种移动能够将更大的动力作用于铅球上，并能将铅球推得更远。开始练习滑步时，背对投掷方向。将身体重心放在位于投掷圈后面的右腿/右脚上，脚尖对着12点方向，或者远离落地区的地方。可直立或身体前屈。

推荐应用身体前屈的准备姿势，因为这样可以降低身体重心，推铅球时便可更好地保持身体平衡。左臂悬垂，左腿弯曲，脚尖触到投掷圈。

滑步过程是推铅球技术的重要组成部分。滑步的目的是使铅球获得尽可能大的水平移动速度，并为最后用力创造良好的用力条件。滑步动作是以左腿向抵趾板方向的摆动开始的。整个过程包括左腿与右腿的摆、蹬配合以及形成最后用力前的预备姿势。

左腿摆动的两种方法

方法一：以左大腿向后上方摆出，配合右腿蹬伸，带动身体滑行。它的特点是动作幅度大，特别在左腿摆至后上方时，给右腿的压力减小，便于蹬伸右腿，同时能较好地控制身体起伏，增大水平速度，给快速收、拉右腿创造条件。但是，因为动作时间长，造成左脚落地较晚，双支撑的过渡阶段容易降低速度。初学者多采用这种方法，优秀运动员很少采用。

方法二：左大腿向后伸出，小腿直接向抵趾板插去。这种方法动作幅度小，双脚落地速度快，可以缩短滑步与推球之间过渡的时间。但是在收右小腿动作上比第一种方法困难一些，要求运动员的右腿具有较强的肌肉力量，因此这种方法多为身体素质好的优秀运动员所采用。

右脚蹬离地面的两种方法

方法一：踵式滑步。踵式滑步开始时，支撑地面的右腿由前脚掌向后滚动，最后以脚跟蹬离地面，右腿呈伸直状态。这种滑步方法适用于腿部有力、动作灵活者，而且脚在蹬离地面时与地面形成的蹬地角小，能更好地控制身体的起伏，容易发挥水平和速度。踵式滑法与掌式滑法相比，速度稍慢，收小腿动作困难，为多数优秀运动员所用。

方法二：掌式滑步。掌式滑步方法是以支撑腿前脚掌自然蹬离地面的方法。右腿不充分伸直。蹬地角度比踵式方法的蹬地角度大，重心较高，便于收小腿。整个动作简单、省力、容易掌握，但蹬地力量相对小些。为部分身体高大的优秀运动员所采用，初学者和中级运动员也多采用这种滑步方法。

滑步过程的蹬、摆配合技术

运动员在完成预备动作后，当左腿摆动进后半段，右腿压力减小，立即配合右腿的蹬伸。带动上体向圆心移动，并在右腿几乎伸直的同时，右脚迅速蹬离地面，收拉右小腿，右脚内转约90°落在圆心附近。与此同时，左小腿积极向抵趾板方向插去，脚稍外展落在抵趾板内沿15cm处，左脚尖与右脚跟约在一条直线上。

滑步过程中，左臂始终微屈在右胸前方，它可以控制上体继续保持滑步姿势，帮助上体与下肢之间的扭紧，同时还为最后用力时上体向投掷方向转动起协助作用。

最后用力前的技术

滑步即将结束时，上体稍抬起。由于左腿后摆、左脚外展落地，左髋也被带动向左转动，这时两脚连线与髋轴几乎在同一垂面，与肩轴则扭转呈90°，预先拉长了躯干及下肢肌群；此时右腿弯曲约90°，承担大部分体重。铅球处于右膝上方外侧。形成用力推球前的预备姿势。

滑步技术的好坏，直接关系到最后用力的效果，影响运动成绩。滑步技术掌握较好的运动员，比原地推球的成绩远。决定滑步效果的主要因素：一是左腿摆动的力量、速度和方向；二是右腿蹬地的力量、速度和角度；三是蹬摆配合。右腿蹬地后快速收腿和左腿摆动后的积极下落，不仅直接决定滑步速度的快慢，而且是完成"超越器械"动作的关键，保证滑步后能迅速连贯地转入最后用力阶段。

向投掷圈中心移动

铅球滑步技术在后移动并转向 6 点钟方向时，身体平衡由单腿支撑保持。在投掷圈内向后移动的过程中涉及以下四种技术：

1. 重心转移。
2. 抬肩。
3. 右腿动作。
4. 左腿动作。

为了更好地产生动力并将其作用于铅球，所有的动作需要保持一定的节奏，并按照相应的顺序完成。

重心转移是用于铅球项目的术语，指转移身体重心（将身体从一处转至另一处）。以身体前屈的准备姿势启动有节奏地运动，先将左腿抬起、放下，向右腿方向收拉。在左腿伸至最远端时（几乎与右腿平行）开始身体重心转移的过程。

重心转移是将身体重心从投掷圈后端右脚的平衡状态（支撑点）通过身体后坐转至右脚脚后跟。在开始滑步之前，体会向投掷方向"坐"的感觉。右脚脚后跟后移的距离越大，身体重心转移得越快，就可避免身体后倒。过分地转移身体重心容易摔倒，转移不充分则不能产生最大的动能。在成功使用最大动力进行投掷之前，需进行反复练习、摸索，以确定动作的最佳速度。将身体重心从脚前端转移至脚后跟时，需要将臀部向后下方移动，肩部微微抬起，然后右腿快速蹬伸带动身体至投掷圈中心。右腿蹬地的瞬间，用力将左腿蹬摆向抵趾板，像做双腿劈叉。如果后摆动作的时机准确，可增加投掷的动能，使臀部保持在上身前方，这样便可确保在做投掷准备时双脚同时到位。

推铅球技术战术 / chapter

第 4 节　推铅球的重点

当右脚在空中从开始位置移动至投掷准备位时，顺投掷方向尽力转动右脚90°，甚至转至9点钟方向。落地时，身体应该呈一条直线，从头到躯干，再到抵趾板边的左脚。落地时，60%~70%的身体重心落在投掷圈中心的右脚。这之后便是投掷准备，注意脚一旦触及投掷圈中心便可开始旋转。

蓄力阶段

滑步结束，左脚落地瞬间，右脚及右膝继续向投掷方向转动并积极蹬伸，同时配合左腿有力的支撑，阻止身体水平前移，把力量传导至髋部，使右髋向前——向上送出，骨盆围绕身体纵轴做转动。原来向后扭紧的上体，由于挺转髋的带动，和左臂一起也随着向左上方转动，前俯的上体逐渐抬起，此时肩轴仍落后髋轴，身体形成"侧弓"，预先拉长的工作肌群成待发之势，为最后用力推球做好身体和技术上的准备。这时身体重心位置在两腿之间，为进入下阶段的推球创造条件。

加速推球阶段

躯干形成"侧弓"后，右体侧以右髋为主导继续向前转动。由下肢产生的力则继续向上传导，使胸部对准投掷方向，在由左臂做出的向斜上方再向斜下方急振动作的自然引导下，躯干绕右髋水平轴做"鞭打"动作。急振的同时，右肩高于左肩。在伸臂推球前，体重大部分已由两脚之间移至左腿，左腿配合推球动作，积极向上蹬伸，起方向伸展全身，以加长有效的用力距离，获得更好的推球效果。因此维持身体平衡技术在完整的推铅球技术中居比较重要的地位。

推铅球时身体抬起和出手的角度取决于身体机能，包括腿和臀部的提拉，上半身扭转和臀部收缩，以及肩、手臂、手的伸展角度。全身用力的目标就是准确地推出铅球。主要为胸上部、甩开的手臂、手、手指必须用力，并有控制地将动力作用于器械。

一般来讲，器械出手后，右腿随势前摆，运动员积极变换支撑腿，将右脚踏于左脚附近，左腿后摆，右腿承担全部体重，并降低重心，保持身体的平衡，防止犯规。

跟进动作

滑步的跟进动作取决于运动员以及运动员的滑步方式。滑步有两种主要的出手和跟进方式，即正面和侧面。正面的出手很简单。通过滑步在投掷圈内累积的动力与固定的身体左侧相对抗，在左腿、肩和手臂被阻挡的情况下将铅球出手。为保持身体平衡，也许会跟着一小步，但双脚尤其是左脚，在铅球出手后仍然保持与地面接触。设想一下正面的滑步，人的身体如同在门左侧安装铰链，当铅球推出，门右侧合上门框，左侧则似铰链，附在门框上，动能转移至铅球上。

侧面滑步则是指铅球出手时通过左侧身体转动将滑步产生的动能转移至铅球上。铅球出手后左腿用力抬升的结果是身体随之转动，甚至跳离地面。在身体转向投掷方向时，旋转带动身体右侧转向抵趾板，为保持身体平衡，左腿向投掷圈方向后抬。为保持身体平衡，右脚的脚后跟最好落在抵趾板旁，因为如果身体这个杠杆发生外延，动能就不能转至铅球。侧面推掷铅球是因为身体右侧旋转激烈，带动左侧身体运动。强有力的制动支撑作用，帮助重心上升，提高出手点，并加长躯干及手臂向前用力距离，提高出手速度，增强"鞭打"效果。"鞭打"动作到达高峰时机，右臂在肘关节处做有力的伸展，手腕内转屈腕，手指在离球瞬间有弹性地拨动球体，将铅球向前上方推出，完成用力推球的全过程。

在完成最后用力的过程中，头的位置及视线也是十分重要的。优秀运动员在做躯干"鞭打"时，直到最后才将头部转向投掷方向，目视前上方，帮助控制正确用力的方向，同时对过早抬起上体起限制作用。

最后用力动作是否正确直接关系到出手速度、出手高度和出手角度，影响器械飞行的远度。因此要求运动员在完成最后用力的动作时，要充分利用滑步阶段所获得的速度，不停顿，保证正确的用力顺序，动作连贯、不脱节，形成牢固的左侧支撑，发挥躯干"鞭打"动作效果，保证最后用力的顺利完成。

出手动作

铅球的出手动作是推，而不是抛。投抛出手动作通常由肘部带动手腕、手，然后出手，而推的出手动作是由手腕、手开始，然后才是肘部。在铅球项目规则里，出手时铅球必须放在肩膀靠颈部处，这就决定抛铅球不仅困难，而且违规。铅球出手时，大拇指向下，手臂由内向外打开。

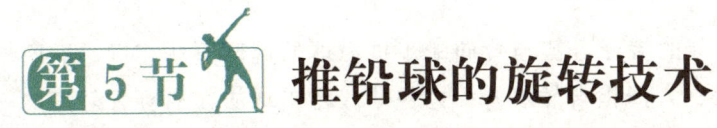

第 5 节 推铅球的旋转技术

每个运动项目的每项技术都有其优点和缺点。旋转技术比其他技术优越之处在于投掷者和铅球在投掷圈内移动距离更大，因此投掷时有可能产生比滑步更快的投掷速度。它也更可能有效运用身体的杠杆作用，在投掷圈内给身体和铅球加速。

该技术的缺点是：
1.铅球的投掷圈比铁饼的要小，转身动作必须收紧。

2. 铁饼投掷出手后投掷手臂伸展，可以很好地平衡身体的其他部分，而铅球必须放在肩颈部，即旋转中心，所以很难维持身体的平衡。

3. 滑步技术或其他技术的基本动作相对简单，而旋转技术包含更多的动作和身体移动，因此对投掷者的平衡能力和身体控制能力要求更高。尽管如此，无论是对旋转中的身体而言，还是对铅球本身而言，旋转技术确能让投掷者在投掷准备前拥有更快的速度。一旦控制好速度并将其导入投掷中，就可投掷得更远。

我们都知道，每个人都有自己的优缺点。这也是为什么不同的投掷者动作各不相同。不考虑个体差异，旋转技术的动作基本相同：在直径2.135米的投掷圈内旋转540°，以合适的出手角度和高度，用最快速度将铅球推出。世界顶级铅球运动员的身高从1.8米至2米不等，他们根据自己的身高和体型采用不同的旋转技术。相对于其他铅球技术，使用旋转技术的投掷者移动的距离远很多，因此动作中动力转移和身体平衡是成功与否的关键。某项技术环节的差异性越大，动作的差异程度就越大。换句话说，铅球的旋转技术很重要的一点就是动作越简单越好，因为最基本的技术动作其实也很复杂。

推球和持球

旋转推铅球的握球方法与背向滑步推铅球的握球方法相同。即四指放在铅球上，大拇指自然展开，撑住球。将铅球放在肩胛骨舒适的位置上，用下颌紧紧扣住。很多使用旋转技术的选手虽然持球动作各不相同，但投掷成绩都很优秀。因此，持球的最佳位置就是能让铅球推得最远的位置。

因为旋转式推铅球在加速过程中，离心力较大，因此持球时需要抬肘，把铅球紧贴在锁骨窝处，以防止脱落。

准备姿势

　　双脚分开跨投掷圈后端线中点，或左脚踩中线。即左脚放中线（脚尖12点钟方向，脚后跟6点钟方向），投掷者可从左脚位置直接开始启动，围绕中线旋转，以中线为轴将铅球推出。如此推铅球，投掷者在投掷圈内积聚动能的效率极高。双脚分开，距离比肩略宽。旋转之前身体重心下移，下蹲坐双腿上，保持平衡。

　　运动员在做预备动作时，上体左右转动，右转时幅度较大，保证拉紧躯干肌群，重心大部分移至支撑腿右腿，以便于旋转。

从首个双脚支撑到首个单脚支撑移动阶段

　　牢记双腿微屈的平衡坐姿。开始投掷时注意动作要有节奏感，要对投掷的节奏十分敏感，不可太机械。旋转技术就是将身体躯干部分按顺时针方向扭转。初学者可旋转幅度小些，将身体重心主要放在左腿上。

　　很多人认为身体重心应保持在两腿之间的中线上，并以此为轴向后旋转运动。而一些优秀投掷者则认为应将身体重心的大部分落在右腿上（即身体重心轴线在身体右侧），然后将身体甩向左侧，以此产生动力优势。如果投掷者这样做动作，动力便会增加。然而，初学者往往为了追求推得远而不去关注动作的每个细节，因为这些动作需要复杂的衔接、配合。

　　向后旋转推铅球的动作可以先从右侧向左侧推重物开始（保持肩膀水平），在慢慢转动左脚的同时，向左移动身体重心，转向投掷方向。

　　这时身体重心落在脚掌上，在左脚继续转动身体时略抬左脚的脚后跟。身体重心转移至左脚后，右脚离地时左腿支撑身体重量（保持身体姿势）。完成此动作时，可以从身前开始挥摆左臂，以控制身体不提前向后倾斜。动作开始阶段，左臂和左大腿同步旋转。当右腿提起时，该双脚支撑阶段告一段落。

从投掷圈后部启动

动作完成到这一步时,用左腿保持身体的动力平衡变得十分重要。在投掷圈内开始启动时,注意通过左腿控制身体重心,完成身体的移动。右脚抬起时,在左膝从右侧旋转至投掷方向时拖延摆动右腿,右大腿抬高,膝关节弯曲,右侧小腿与地面平行,半悬空中,而大腿肌肉拉直,上半身移至右腿前方。

当肌肉拉伸时,右腿向左侧下方摆动,类似足球运动员的踢扫动作,逐步追赶并超过已靠前的上半身及右臀。当右腿超过左腿位,左腿将身体带动呈低起跳位(起跳阶段),右腿略微提起。一般投掷者不会推迟右腿摆动,他们在高抬右腿的瞬间迅速摆腿,右腿(右脚)带动臀部,从起始位至投掷圈中部的发力位。是否移动右腿都无所谓,只要右腿围绕左腿摆动,便可产生一定的摆动动能,增加可作用于铅球的身体总动力。

空中阶段和二次单脚支撑阶段

当左腿摆离投掷圈地面(空中阶段),身体形成必要的扭曲,手臂、躯干、臀部和大腿互相扭转。左臂围绕左侧身体摆动,并落后于左侧身体,位于3点至5点钟摆动。此时上半身与下半身呈最大扭紧状态。扭紧的整个过程从空中阶段开始直至右脚落地(第二次单腿支撑),而身体最大扭紧出现在左脚落地之前(二次双脚支撑)。

2002年美国铅球冠军亚当·尼尔森所采用的投掷技术便是以左侧身体为轴,大幅摆动右腿(如前所提及),然后用力将左腿带至抵趾板。当左脚离地(空中阶段),左腿抬至高位环状,并以右腿为轴,半弯曲于空中摆动。同低位从11:30至5:30进行摆动相比,左腿的环状摆动显然能够产生更大的动能。当左腿逆时针方向摆动时,右臂和右肩则与下半身相反,按顺时针方向摆动。这些反向运动使大腿、躯干和肩部的肌肉得到极大的拉伸,即扭紧。如果这种身体运动不影响运动节奏和能量转移,它便能在很大程度上增加提高投掷水平的可能性。但是,绝大多数的世界顶级运动员还是采用传统投掷技术。

右脚着地旋转

右脚在投掷圈中心着地，脚尖指向1点钟和4点钟之间的方向。在这个位置落脚后，以其为中枢，开始进行投掷前长距离的旋转。旋转要快，等旋转完毕投掷出手时，脚尖应该指向9点钟方向。很多初学者会从投掷圈后部跳起，落地后呈投掷准备姿势（脚尖指向10点钟方向），减少或干脆不使用右脚脚掌作为中枢进行旋转。这种动作，被称为投掷后挫，是因为左脚旋转太大（即旋转过度）。因此，同正确动作相比，左脚不能产生大的、向前的投掷动力。保持左腿弯曲，从投掷圈中的起跳位，迅速落到中线偏左靠近抵趾板的位置，大约6点钟方向。臀部则随着投掷动作而旋转。

旋转开始时，上体利用躯干反扭紧的动量向左转动，左脚提踵，左膝外展，右腿蹬伸，身体重心逐渐移向弯曲的左腿，并且以左脚掌为轴，向投掷方向转动（有的运动员采用以左脚跟向前脚掌滚动的转动方法）。

由于离心作用，身体向左倾斜，形成一个以左肩、左膝为中线的左侧转动轴。右脚蹬离地面后，右腿微屈围绕左腿向投掷方向做弧形摆动，上体将转到面对投掷方向时，右腿屈膝向投掷方向迈出，以加大转动惯量，给身体进行快速转动创造条件。随后左脚顺势蹬离地面，右脚前跨，并以右脚前脚掌落在圆心附近，承担全部体重。这个过程几乎没有腾空。右脚落地后继续转动，左脚立刻外展后向投掷圈的左前部分插出。这时运动员的身体重心仍保持在弯曲的右腿上。由于下肢快速形成的双支撑，使落后的上体向投掷反方向倾斜与扭紧，形成超越器械的动作。

在旋转动作中，因为球重，离心力大，右臂、右手需要牢固地控制铅球，头保持正直，眼向前看。为配合右臂保持平衡，左臂稍向侧前方抬起，帮助躯干形成最大扭紧状态，为最后转体用力提供最有利的条件。

最后用力技术与背向滑步推球技术区别不大。旋转推球要求运动员更多地利用转体的动量，投掷臂准确、及时地完成推球动作。

第6节 推铅球投掷出手

除极少数投掷运动员外，大多数的铅球手采用窄幅投掷准备姿势。投掷准备姿势时，双脚分开，不能超过肩宽（即双脚外侧的宽度不能超过双肩）。窄幅准备姿势非常合理。如果运动员不能按照要求着地旋转，旋转出手的铅球手遇到的最大问题就是投掷铅球看起来就像是使用滑步技术的运动员，只不过右脚到左脚的动作更线性，过程拉长。

使用旋转技术的运动员必须寻求一种提升并旋转的动作方式作为其动力来源。它不仅可以极大地提高动力，也能让运动员留在投掷圈内。7英尺（2.135米）的投掷圈也许抑制了某些力量型运动员从投掷圈后端发力投掷。但如果站在投掷圈中心稍后处，采用收紧准备姿势，重心向后倒向右腿，然后通过右脚着地旋转，运动员可向上产生爆发力，在窄幅扭转情况下投掷得更远。

投掷出手前抬头，抬起下巴。左脚在抵趾板附近落地前，摆动左臂。逆时针方向转身投掷时，将左臂从10点钟方向摆动至4点钟和5点钟之间，并停下，同时停住转动的双肩，尽力将一部分动力转移至投掷臂。

跟进动作

　　旋转技术的基本原理就是在蹬伸和旋转中投掷，这就意味着旋转投掷中扭转必不可少。扭转虽然谈得很多，但在投掷中却很少被完全理解。运动员做扭转动作时，要尽力自然，作为投掷时蹬伸和旋转力的结果。对那些扭转动作不自然的运动员，指导起来有些麻烦。不过，使用旋转技术时，投掷结束后的跟进动作，需要保持必要的身体平衡。大多数的旋转铅球投掷运动员在完成投掷动作后都会双脚离开地面，有的甚至离地很高。

　　在双脚离开地面时，左腿向后甩，右腿向前，单脚落地，抵住抵趾板。如何控制身体平衡，单脚落地后不犯规，解决办法很多。下面我们介绍一个控制身体而不犯规的实用方法。

　　(1) 右脚着地，脚尖指向与投掷方向相垂直的方向，即3点钟方向。脚底整个着地，而不是用脚掌着地。这样可以达到减速保持身体平衡的目的。

　　(2) 脚落地时，伸展身体，右腿膝盖向外锁住，右肩和右臂抬高，使身体重心上移，这样在投掷过程中能量可以得到持续转移。

　　(3) 左腿向后甩至投掷圈后端，并带动左臂后摆。这样身体杠杆拉长，保持身体平衡，为最后的收尾做好准备。

出手后维持身体平衡

　　铅球出手以后，在转动惯性的影响下，身体继续向左转动，犯规的可能性减小，但也要求运动员及时采用换步和降低身体重心来减缓冲力，以维持身体平衡。

　　旋转推铅球技术虽然具备如下优点：动作连贯、舒展，加速路线长，转动动量大可以快速将球推出，右臂、右肩用力程度较小，推球前身体最大限度地扭紧，便于发挥躯干力量等，但旋转推球也有不足之处：铅球质量大，旋转过程中离心力大，难以控制，难以发挥正确的最后用力技术，会影响投掷远度；技术难度大，不易保持平衡，并且在出手瞬间身体不宜发挥垂直速度，易产生减速或停顿。

chapter 4

推铅球的基础练习

世界顶级投掷运动员能在一秒钟内完成整个滑步动作。因此，投掷变成一种反应，一个不需要动脑筋思考就可以完成的运动模式。反复练习一些简单动作对建立运动模式非常重要。推铅球动作完成在须臾之间，因此很有必要把每个动作要领剥离开，分别练习，然后组合成为一个完整、正确的技术动作。

第1节 推铅球的身体素质训练

力量训练

身体素质训练主要体现在力量素质，力量训练的科学性和有效性是成才的关键问题，是专项运动成绩迅速稳定地持续提高的保证。只有当运动员快速力量水平和投掷技术协调配合和充分发挥时，才能创造优异成绩。

1. 在进行力量训练时要掌握好以下条件

（1）强度：采用最大强度的2/3以上的负重，效果较好。

（2）时间及次数：做接近最大力量负重的动力性练习时，只能重复1~3次；采用2/3以上力量负重练习时，可以反复8~10次，逐步提高负荷量。每次练习可采用2~4个手段，一个手段进行3~4组。青少年不宜采用大力量练习，以中等重量为主，但动作要快。

做静力性练习时，采用最大力量负荷时，要坚持4~6秒，采用2/3力量负荷时，可以坚持6秒以上。一个手段可以进行2~3组。

静力性练习的用力角度最小为45°，中等为90°，最大为120°。

力量练习在训练期每周进行3次，竞赛期每周进行2次。

应把爆发力训练安排在兴奋性最适宜的时期。采用最大力量的2/3至1/3之间的负荷，用最快速度练习，收效明显。

准备期应侧重力量训练，竞赛期应侧重爆发力训练。

2. 发展力量、爆发力的主要练习方法和手段

（1）抓举、挺举、卧推（推杠铃、举壶铃等）；

（2）负杠铃半蹲、全蹲、左右转体、前屈体；

（3）举杠铃并腿跳、弓步跳、深蹲跳、快速弯举；

（4）肩负重物，单、双腿深蹲跳起转体 90°~180°；

（5）各种形式的推抛实心球；

（6）轻杠铃（20kg）连续快速向上推举；

（7）立定跳远、立定三级跳远、多级蛙跳、多级跨步跳；

（8）俯卧体操凳上，双手提铃至凳的水平面（杠铃重量为30~40kg）；

（9）双脚负重，单杠上做引体向上；

（10）距墙2~3米，用手指撑于墙上，迅速屈肘，然后用手指猛力推墙；手指酸胀为宜；

（11）抬高脚的位置，用手指做俯卧撑、立卧撑；

（12）俯卧，手指撑地，同伴抱住练习者分开的腿，做"推车人"。

速度训练

铅球速度训练可分为两种类型：一种是短距离跑和跳跃练习，如各种距离的短跑、行进间跑、加速跑、助跑摸高、跳远、多级跳、单足跳、双脚跳转体 360°~540° 等；一种是综合技术的速度练习，采用轻器械做快速某环节技术或完整技术练习。

灵敏性和协调性训练

进行灵敏性和协调性训练，能提高准确性和效率。一般采用球类活动、垫上运动、各种游戏等。

提高呼吸循环系统的工作能力

提高呼吸循环系统的工作能力，能使人体长时间负担大运动量和强度。一般采用中跑和越野跑。多进行各种重量器械的推球练习。

增加髋、肩关节的柔韧性

柔韧性可增加动作幅度，为完善技术起积极的作用，同时还能防止伤害事故。

柔韧性训练多采用伸展、拉长肌肉和韧带以加大关节活动范围。

第2节 推铅球技术中的节奏训练

速度节奏是指身体各个环节在完整技术完成过程中按一定顺序表现出来的动作快慢、力量强弱、时间长短、肌肉紧张与放松的时间间隔交替等方面。

要获得较大的铅球出手初速度，就要努力追求适合个人技术特点的合理的速度节奏。良好稳定的技术节奏能使技术动作更加精确合理，使之发挥最大的动作效率，可以使运动器官和内脏器官协调一致，产生更大的能量，加大整体用力的效果，易于形成巩固的动力定型，使动作趋于自动化，保证运动成绩稳定提高。

完整技术的速度节奏

现代推铅球技术正朝着"模式化""个体化"的方向发展。其主要特点是最大限度地利用人体的全部能力来努力提高出手初速度。把滑步、支撑、最后用力和出手初始条件进行有机的最佳组合。提高滑步速度和速度利用率，获得合理的最后力前姿势，加大身体扭紧程度，并根据运动员个体差异，将两者进行最佳组合，既能加大用力工作距离，又能缩短用力时间，提高出手初速度。

青少年运动员首先应以提高技术和速度、灵敏协调的途径来发展专项成绩，而不是以发展最大力量的方法达到目的。在掌握正确的基本技术和完整技术动作，尤其是掌握适合个人技术的速度节奏前提下，才能不断提高专项成绩。

滑步阶段的速度节奏

滑步的动力来源于摆动腿的后摆、支撑腿的蹬伸和收腿的速度力量。两腿动作的协调配合是掌握动作速度节奏的关键。以摆带蹬、摆蹬拉结合，收落快速有节奏。滑步时身体重心移动低、稳、快，有明显逐步加速特点就是滑步的速度节奏感。如果在滑步过程中超过了自我控制的限度，将影响整个加速过程，破坏投掷姿势和平稳，反而不利于技术的正常发挥。

最后用力阶段的速度节奏

最后用力时必须有合理的超越器械以保证铅球获得有效的加速距离，即在最后用力时加快下肢运动，使髋部横轴速度超越肩部运动速度，使身体处于扭紧状态，上体保持适当前倾，抬臂抬肘展胸，增大最后用力距离。

当最后用力左脚着地制动使身体重心留在右腿上形成超越器械姿势时，由于滑步的动量向上传递，加上左脚的制动和髋部的向前形成力偶，进一步加快了髋部和躯干沿着左脚支点向前蹬转的速度，形成了最后用力前的左侧支撑，使重心提高，身体伸展，既加大了身体各环节对地面的作用力，又加大了出手的垂直分速度形成较合理的出手速度。在训练时，要加强用力速度和用力节奏的练习，要体现完整动作的加速用力特征，要注意环节用力与整体用力的协调配合，放松与加速的调控。

第 3 节　推铅球的组合训练

组合一

1. 两腿开立，双手持重物于体前，两臂伸直，以腰为轴做体回环动作；要求两脚固定，保持平衡，速度适宜。8~12 次，3~5 组。

目的：主要发展腰部和躯干肌群力量。

2. 单臂向上或斜上举重物。单手持重物于肩侧，挺胸、伸臂重复练习；要求下肢固定，也可采用坐姿，非投掷臂在体侧协调配合，15~20 次。

目的：发展肩部和臂部力量

3. 弓步分腿跳

徒手或轻负重从弓步姿势快速跳起，交换双腿位置。练习时要尽量减少双脚地面支撑用力时间，15~25 次。

目的：发展下肢对抗缓冲支撑身体的力量和蹬伸爆发力。

4. 负重体侧屈

身体直立肩负重物，上体尽量向侧屈体，然后向另一侧屈体。要求膝伸直，腰部用力，15~20 次。

目的：发展躯干两侧肌群力量。

5. 滑步摆蹬组合

背对投掷方向，呈团身姿势，当臀部后移时，左腿立即以大腿带小腿向后下方快速摆出。右腿积极蹬拉后立即蹬转。注意臀部先移，左腿摆动的方向和右腿拉收的角度，重心必须在屈膝的右腿上，髋轴与肩轴扭紧，20~30 次。

目的：提高摆蹬配合能力，加强滑步与最后用力的衔接。

6. 十指抓沙

站在齐胸的沙台旁边，两臂前平举，十指伸直分开放在沙面上，用力抓沙并握紧，然后立即伸直，连续进行，40—60次。

目的：发展手指和前臂的肌肉力量。

7. 仰卧起坐转体

仰卧在跳箱上，双足固定，两手抱头做仰卧起坐向左右转体。上体抬起时不超过90°，也可负轻器械进行20—25次。

目的：发展腹部和腰侧肌群力量。

8. 后退大步走

低重心，体前倾，背对前进方向在跑道上后退大步快走。要求尽量大幅度和快速完成，30—50米，3—5组。

目的：发展下肢快速后移速度、空间定向和平衡能力。

组合二

1. 负重体转

直立，两脚左右开立，膝微屈，肩负轻杠铃，尽量向身体一侧转体至最大限度后，再向另一侧转体。要求双脚固定不动，以下肢带动骨盆和躯干完成动作，10—15次。

目的：发展腰部转动和躯干两侧肌群力量。

2. 持实心球斜坡上滑步

在坡度为3°—5°的斜坡上，单手持实心球呈体前屈，左腿摆动与右腿后蹬配合发力，连续滑步。要求动作连惯，直线性，低腾空，15—20米，3—5组。

目的：提高摆蹬发力的速度和动作的直线性。

3. 手腕屈伸

坐在体操凳上，单或双手持轻器械，肘部放在膝上，连续进行手腕屈伸练习，要求只能用腕部完成动作，20—30次目的：发展前臂和屈腕肌群力量。

4. 上下交换腿跳台阶

徒手或负轻器械，两脚分别踩在高约20cm的台阶上下，快速蹬上台阶并跳起，下降过程交换腿。要求向上腾起，身体呈直立，尽量减少支撑时间，20—30次。

目的：发展下肢对抗缓冲、支撑身体力量和蹬伸爆发力。

5. 俯卧撑

俯卧在地，两手与肩同宽，屈臂使胸部接近垫子或地面，然后立即伸直双臂将身体撑起，要求身体呈直线，头高脚低、脚高头低或负重，10—20次。

目的：发展胸大肌和上臂肌肉力量。

6. 高抬腿支撑跑

双手扶肋木，身体呈60°—70°斜直线，一腿向前上方高抬，另一腿蹬伸，交换连续做，20—30秒一组，3—5组。

目的：发展下肢蹬伸力量和髂腰肌力量。

7. 蹬撑转髋

投掷手持轻物呈最后用力前姿势，右脚蹬转推动右髋转动伸展，重心在右腿，左腿用力支撑，身体呈"反弓形"。要求髋轴与肩轴扭紧，快速蹬转，15—20次。

目的：提高右髋发力的速度和躯干力量，体会用力顺序。

8. 燕式平衡

单脚支撑，另一脚向后抬起至水平位置，上体俯卧，两手持轻器械，两臂侧平举。要求支撑腿伸直，保持平衡20—30秒。可换腿做2—3组。

目的：发展下肢力量、背肌力量和平衡能力。

组合三

1. 蹬转送髋

重心较低，大部分体重压在屈膝的右腿上，左肩向右转至右膝垂直上方。右腿和右髋发力带动躯干和右臂向投掷方向转动，以胸带臂牵拉胶带做推铅球动作。要求右腿用力蹬转，左腿制动支撑。15—20次，2—3组。

目的：发展下肢、髋部和躯干的专门力量，体会用力顺序。

2. 挺髋快推

身体直立，持杠铃于胸前，双腿发力挺髋前后分腿跳起，同时向上推举。要求挺髋，快速连贯完成动作，下肢前后分立与斜上举动作同时完成，15—20次，4—5组。

目的：快速挺髋，发展腿部与肩部力量和全身协调能力及爆发力。

3. 两头起

仰卧于垫子上，身体伸展，双臂伸直，快速屈体，使手和脚在空中接触，15—30次，2—3组。

目的：发展腰腹肌力量。

4. 单脚支撑摆动

上体前倾，单脚支撑，另一腿高抬，保持平衡，然后两臂屈肘呈90°，快慢交替地前后摆动。可交换腿，要保持平衡，可手持轻器械，或松软地面进行，20—30秒。

目的：提高踝关节和脚趾肌肉群的紧张度、肩关节灵活度和稳定支撑能力。

5. 原地掷实心球

侧向或背向，做好投掷前预备姿势，右腿、右髋发力带动躯干和投掷臂转动，以胸带臂推拨实心球。投时，重心在右腿，右腿快速蹬转送髋，以左侧为轴快速抬转，蹬撑的同时将球推出。

目的：提高蹬转送髋速度和左侧支撑能力。

6. 徒手纵跳

身体呈半蹲姿势，两腿同时发力迅速蹲跳起，两臂上摆，头上顶，缓冲落地继续进行。要求减少支撑时间，膝、髋、踝充分蹬伸，20—30次，3—5组。

目的：发展伸膝和屈足肌群力量及弹跳力。

7. 杠铃抡摆

将杠铃一端插入穴斗状固定物,两脚开立稍宽于肩,双手握住杠铃另一端,直臂上推于头前上方,转体下摆杠铃于体侧。右腿右髋发力带动双臂向上回摆杠铃至最高点,再至身体另一侧,连续进行。要求以骨盆和躯干转动为主,杠铃摆至最高点时双臂伸直,摆至最低点时贴近身体,15—20次,2—3组。

目的:发展下肢、躯干快速转动力量和形成正确的用力顺序

8. 立卧撑

直立,下蹲体前屈双手撑地,同时双腿后伸呈俯撑,快速收腿呈深蹲,双手推地抬上体,下肢迅速蹬地伸直跳起,要求跳起,身体充分伸展,快速完成动作,20—25次。

目的:发展上下肢、腹、背部快速力量和身体协调用力能力。

9. 前后抛铅球

用各种不同重量的铅球做前抛和后抛,要求动作连贯,蹬送协调,6—10次,3—5组。

目的:体会和加强全身协调用力和最后用力。

10. 杠铃卧推

仰卧杠铃凳上,双手屈肘握住杠铃至胸部,然后将杠铃垂直上举,负荷从个体最大负荷的50%开始,然后依次递增直至负荷最大次数为一次为止。

目的:主要发展投掷臂的小臂肌群力量和腕关节力量。

第4节 推铅球左侧支撑制动的训练

左侧支撑与左肩制动的作用

在投掷最后用力时，左腿有力地支撑并进行爆发式的蹬伸，不仅可以增加铅球向上和向前的力量，而且还能有效地使力量自下而上，通过身体各环节依次用力，快速连贯地作用于铅球，提高人体重心，造就良好的铅球出手角度，确保铅球沿着合理的飞行轨迹运行。

左肩在最后用力的一刹那应积极向前上方移动，并突然制动，造成相关肌肉依次快速拉长，然后有力地收缩，使动量依次传递至器械，从而大大提高器械出手速度。如果左肩过早后撤，会导致力量的分解，影响用力效果和运动成绩。

左侧支撑与左肩制动的训练方法

1. 徒手模仿最后用力动作，着重体会身体重心前移时的肌肉感觉。

2. 原地推实心球，在练习者左肘前上方适宜高度悬挂一标志物，要求练习者最后用力时肘关节触及悬挂物后立即推球，体会用力时重心向前上方移动，控制身体继续移，使左肩有意制动。

3. 推球过杆，在练习者前2~3米的地方设置高2~2.3米的横杆，要求将球从杆的上方推出，帮助练习者树立左脚撑蹬抬头挺胸概念，形成适宜出手角度（38°~42°）。

4. 在斜坡上由下往上投掷实心球，加强左脚支撑感觉。

5. 牵拉掷球，持铅球于右锁骨窝，将系有适宜重物的滑轮绳的另一端套在练习者的躯干上部，练习者做最后用力投掷铅球。由于滑轮重物的牵拉，使上体向前移动造成一定困难，但因蹬撑的力量不得不使髋继续向前上方转送，形成肩轴在后的良好用力姿势。

第 5 节 推铅球的异侧手作用

预摆时异侧手的放置与作用

预摆时异侧手在上体前倾的同时，应该是放松稍前伸，指尖朝下，掌心向后，手臂自然伸直与左肩投影线约呈30°~40°。这样做不仅帮助上体向圈外探出，加长铅球运行距离，同时左肩做近端固定，保持半紧张状态，与对侧右手握球用力相对应，身体获得良好的平衡，左手臂自然前伸，左侧背阔肌得到拉伸，便于滑步后上体的快速转动。

如果异侧手臂提起前伸，与肩背齐平，甚至高出头部，虽然左侧背阔肌得到拉长，但左侧肩关节显得很紧张，并诱发整个上体变得紧张压抑，从而影响预摆和滑步动作的进行。其次，由于异侧手臂提起前伸与肩齐平，在做预摆时，异侧手难以做动态平衡，只好抬头挺胸来应付，动作呆板不协调，使重心起伏增大，身体容易失去平衡。

若异侧手完全放松下垂，则左侧背阔肌得不到拉伸，左侧肩关节完全处于放松状态，与右手的单侧紧张用力失去对应，不利于身体平衡，也不利于后继动作的完成。

滑步时异侧手的变化与作用

滑步时异侧手要保持前伸内扣，不使左肩过早转向投掷方向，头部也应保持原来向右后方的姿势。由于肩横轴和头部不过早地转向投掷方向，左臂保持在体前微屈内扣状态，这样身体重心在腿上，铅球投影点远离右脚支点，从而加长了投掷臂最后用力距离，使参与工作的上下肢和躯干肌肉得到拉长，有利于发挥身体的最大力量。

在滑步时，异侧手不能保持原来的前伸微屈内扣，左肩固定，上体含胸收腹姿态是真正原因所在，如果上体过早抬起，铅球投影点达不到远离支点的要求，除去大腿肌力差的原因之外，异侧手臂的随意摆动和肩横轴的过早转向是动作毛病的症结。

最后用力时异侧手的运行路线与作用

最后用力时，异侧手正确的运行路线应该由伸肘内扣变为屈肘经体前做加速运动，促使肩横轴转向，帮助上体抬起。

在投掷中，异侧手具有控制身体位置、保证身体平衡、加快重心移动、帮助身体抬起和协同投掷臂最后用力等作用。

第 6 节　推铅球错误动作

持球肩上，手指向上

产生原因

1. 正确技术概念不清；
2. 肘关节太低，图省力。

纠正方法

1. 多讲解与示范正确技术动作；
2. 掌心向前，手指向左，球放贴在锁骨窝处。

滑步上跳

产生原因

1. 用力顺序不对，先蹬后摆；
2. 摆腿过高，右腿蹬地角度大。

纠正方法

1. 掌握用力顺序，先摆后蹬；
2. 调整摆动方向，往抵趾板方向摆动；
3. 在右脚内侧放一小沙包或橡皮块，带动放置物向前滑动；

4. 在接近练习者的背部带动放置一根细长竹条或小塑料棍，要求练习者滑步时控制身体重心不要触及竹条。

上体过早抬起

产生原因

1. 髋部没有发力或发力不及时，使上体移动快于髋部；
2. 右腿收拉不及时，蹬撑没有协调配合。

纠正方法

1. 用右手加压于练习者的上体，防止上体过早抬起；
2. 牵拉练习者的非投掷手连续做滑步动作，控制上体姿势，下肢主动快速。

滑步后停顿

产生原因

1. 左腿后摆过高，落地消极、速度慢；
2. 右脚蹬转不及时，重心跟不上；
3. 两脚落地部位不恰当，左脚落地离开投掷中线距离过大。

纠正方法

1. 沿直线滑步注意左腿摆动方向和路线，沿中线稍左，抵于抵趾板；
2. 左腿积极快速落地；
3. 加强蹬撑的配合练习，蹬撑几乎同时进行，可用"落、起"口令帮助练习者加快动作节奏。

滑步后缺乏快速送髋转髋

产生原因

1. 技术概念不清，造成只转体不送髋；
2. 右髋发力不主动，不及时；
3. 髋关节不灵活，右腿蹬力不够。

纠正方法

1. 在蹬地腿的股四头肌处系一条有一定弹力的橡胶带，做原地转髋，使胶带能快速将大腿右髋拉向前；
2. 肩负适宜重量的杠铃反复进行原地蹬地送髋动作。

屈髋、推铅球时只用臂力量

产生原因

1. 用力顺序不明确，髋不积极发力，左侧支撑力量差；
2. 上体移动过快、肩远远走在髋的前面，只想快点推球，造成投掷臂过早用力；
3. 最后用力前的预备姿势不正确。

纠正方法

1. 站在肋木前，用投掷臂握住肋木，做蹬、转、送髋练习；
2. 站在练习者的前面，当练习者抬体时，用左手顶住右肩，防止上体继续前移，体会蹬腿送髋和抬体动作；
3. 在练习者前 1—1.5 米的地方放置高 2.0—2.2 米的横杆，要求将球从横杆上推过去，辅助抬头挺胸，形成适宜的出手角度。

左侧没有支撑、肩左倒

产生原因

1. 滑步时没有超越器械，上体过早转体，造成上体前倾，冲力过大；
2. 重心左移不够，没有以左侧为轴，向左转动，而球离手之前或离手的同时左臂向左牵拉，导致左肩向左后移动；
3. 想回拉左肩和左臂来增加推球的速度和力量；
4. 左臂摆动路线和时机不适合。

纠正方法

1. 练习者做蹬转抬体时，同伴一手扶住练习者的左肩，另一手轻推右肩，让其重心左移，反复体会以左侧为轴，右肩前送的练习；
2. 站在立柱旁，左肩靠近立柱，做原地徒手推球练习；
3. 体会摆臂路线和制动时机。

抛球

产生原因

1. 左肩没有制动，向左倒，球离开了颈部，离开了作用力线；
2. 投掷臂的肘部下降，导致手指向前，手腕放松。

纠正方法

1. 强调左侧制动，球离开锁骨窝同时离开手；
2. 在球离开手前肘部不能下降，固定稍低于肩的位置或与肘关节相平。

跳投或单脚支撑投

产生原因

1. 上体过于前倾，前冲力过大，左侧支撑不住，急于出手形成跳投或单脚投；

2. 蹬地腿用力瞬间的脚向后上拉，形成后蹬跑动作，作用力在整个脚掌上，上体控制不住而出现单支撑投或跳投。

纠正方法

1. 蹬地腿落地脚掌要内扣，作用力在前脚内侧；
2. 多做肩负重或双手斜拉皮带的侧向转体的蹬地练习；
3. 加强转髋与蹬地的协调配合练习。

臀部后坐

产生原因

1. 右脚蹬转无力，右髋前送速度慢，且不充分；
2. 两脚距离过大，屈髋，重心跟不上；
3. 左脚过早蹬直。

纠正方法

1. 采用标志线调整两脚位置；
2. 练习者在转髋时，同伴两手扶住练习者的髋部施力帮助向前送右髋；
3. 投掷实心球，体会蹬、转、撑、挺、推的用力顺序。

5 最后用力工作距离短

产生原因

1. 没有形成良好的超越器械姿势；
2. 滑步后两脚距离过近；
3. 上体过早抬起，没有把器械远远留在身后形成髋轴肩轴最大扭紧状态；
4. 推球时，右髋右肩前送不够。

纠正方法

1. 保持好超越器械的姿势；
2. 强调两腿蹬撑，手臂伸直，右髋右肩充分前送；
3. 在适宜的出手处放上标志物，使其出手时触及标志物，加长用力距离。

第7节 运动员心理训练

仅具有良好的身体素质和技能水平，还不能使运动员在比赛中取得成功。比赛时，运动员需要在几秒钟内完成一系列复杂动作。稍有分心，几个月甚至几年的汗水就付之东流。所以，一个优秀的投掷运动员还必须具有很好的心理稳定性，善于自我评估，自我调节能力强，善于集中精力。勇敢果断，能吃苦耐劳。

心理训练内容

心理能力训练。其中包括：注意力的训练、集中能力的训练、速度感觉的训练及心理动力的培养。

智力训练。其中包括：对空间表象能力的训练、思维能力的训练以及综合能力的训练。

个性训练。其中包括：对情绪稳定性的训练、对实现个人意愿能力的训练、对自我强化以及对环境依赖性的训练。

动机、态度、兴趣的培养。其中包括：进取动机的培养、成功动机的培养、失败动机的培养以及联系动机的培养。

心理训练的实施

心理训练与身体训练一样，只要运动员认真去做，总是可以将自己的心理素质大大地提高的。

每个运动员都有极大的运动潜力，运动潜力的发挥往往与运动员的动机有密切关系。运动员的动机经常也是影响运动员运动寿命的一个主要原因。所以，在掷铁饼运动员的心理训练中，首要一条就是解决运动员"为什么而练习""练到哪儿"的问题，也就是说，要帮助运动员建立一个比较远大的目标，让运动员成为一个有事业心的人，然后再帮助运动员寻找一个适合自己的训练目标，这将有利于运动员运动潜力的挖掘，过难和过易都不会取得最佳效果。训练目标不是一成不变的。

赛场环境千变万化，运动员的应变能力是取得比赛成功的必要条件。所以，在训练中有意识地安排运动员参观比赛、参加比赛都有助于提高运动员遇事果断、善于应变、临阵不乱的能力。

教练员应注意提高运动员集中注意力的心理素质，每次训练课中，都要求运动员要集中注意力，高质量地完成每一次练习是非常重要的。教练员在训练中甚至人为地制造一些复杂而嘈杂的训练环境，让运动员在这种环境中得到提高。

　　经常给运动员提出一些技术问题，可以帮助运动员锻炼思维能力，独立思考可以培养运动员减少对教练员的依赖。在大型比赛中，这一点是非常重要的。心理训练可以在训练中专门进行，但是多数可以在日常生活中一点一滴地培养，甚至是潜移默化地进行，这样能力一旦提高是非常稳定的。

心理训练的原则

1.灵活性原则

　　运动员心理活动是非常活跃的。根据不同的情况，采用不同的心理训练手段，可以取得事半功倍的效果。可以说，心理训练随时随地都可以进行，而且都可以取得好的效果。

2.耐心细致

　　心理训练不同于身体训练的地方是，它更难以预测，只有细致观察，

认真分析，才能找到问题所在，心理训练也不能急功近利。有的心理问题可能几年解决不了，有的也可能一句话就解决了。

3.重视心理诊断

心理训练的实施，首先来源于心理诊断。运动员心理活动复杂，心理活动与行为效果的关系有时是曲折的。有意识地对运动员进行心理诊断，可以帮助心理训练更加科学化。

chapter 5

推铅球技术练习

好的初学者会保留一定的速度。正确的技术概念十分重要,同时观看基本技术动作也很重要,不是简单地按自己的身体条件大致完成动作。在形成基本的动作技术之后,可根据自身条件把技术个性化。

第1节 推铅球技术训练

技术训练原则

1. 技术训练优先。在一个训练单元中，应先进行技术训练，然后再进行其他内容的训练。在运动员精力充沛时练习技术，会取得比较好的技术练习效果。

2. 适宜兴奋性。运动员兴奋性过高或过低时，不宜进行新技术学习或改进技术，否则不会取得好的效果。

3. 追求正确率。在技术训练中，错误动作每多出现一次，错误动作就会被强化一次，一旦错误动作被巩固，改正它要比学习新技术难得多。

4. 长期性原则。不断地投掷，才能不断强化已掌握的技术动作，可以防止投掷技能的慢慢消退。

简要的力学原理

影响推铅球成绩的主要因素是推铅球的出手速度、出手角度和出手高度，最重要的是出手速度。

铅球最适宜的出手角度是与地平线的夹角呈 38°～42°。

应该沿投掷方向的一条直线上逐渐加速，在可能的范围内发挥最大力量。

在投掷用力过程中，较大的离人体重心最近的大肌群最先发力，从而带动较小的和较弱的肌肉收缩，各种肌肉开始收缩时有先有后，但结束收缩都要在同一时间。

大腿、躯干、双肩的制动有助于把动量转移到铅球上面去。

滑动的速度不要太快，技术优秀的运动员滑步速度不会超过他们的最高滑步速度的30%~40%，世界一流运动员滑步结束时，铅球的运动速度为2.5米/秒至3.44米/秒，滑步后的出手速度接近13.42米/秒，原地投掷是13.01米/秒。

参与工作的主要肌群

使推铅球产生投掷力量和使铅球加速运动的最重要的肌群，是伸髋肌群、伸膝肌群、骶棘肌、腹肌和肱三头肌。其次背部上部肌群和上肢肌肉群，如斜方肌、胸大肌、肱三头肌、三角肌、前臂肌和腕部小肌群，对铅球最后出手速度起直接作用。

推铅球技术训练步骤

1. 手和腿的协调配合

双脚站在线上，躯干稍后倾，双手于胸前握球。左脚向前迈一步，双手和双腿同时用力将球推出。

2. 学习最后用力动作

两腿开立，身体重心落在微屈的右腿上，上体向后转并前倾，左臂放松地置于胸前。右腿积极蹬地推髋送转，使重心向左腿移，同时上体逐渐上抬左转，左臂带左肩转向投掷方向立即制动支撑，两腿蹬直，将球推出。

3. 学习滑步动作

背向投掷方向，左腿在后伸直站立，上体前倾，左腿向后做预摆动作，左腿回摆快靠近右腿时，臀部向投掷方向移动，同时左腿迅速有力地向抵趾板摆插，接着右腿积极蹬地拉于重心之下，至圆心附近着地，在滑行中上体保持前探、低姿、平稳的姿势。

4. 学习滑步动作与最后用力动作的连接

左脚在前，面向投掷方向，躯干挺直，稍向右转，向前跳一步，身体后仰，右腿首先着地，紧接着左腿着地，左脚着地瞬间立刻将球推出。

最后用力是从右脚落地后至身体重心移动垂直支撑部位瞬间到铅球出手的过程。

1. 影响最后用力的因素

（1）缩短单支撑时间，这对提高铅球出手速度有着积极影响；

（2）右脚合理的着地方式或着地后积极蹬伸，不仅减少右腿着地的缓冲时间，提高身体重心向前水平速度，更重要的还使右髋加速向前运动，促进左脚积极着地进入双支撑，双支撑阶段是投掷最后用力最有效的阶段；

（3）左脚要积极着地，方能加快左侧支撑用力，为动量传递提供基本保证，并增大力量递增度，提高器械在空中运行的加速度；

（4）右脚着地后过多缓冲不仅降低身体重心速度和铅球向前水平的速度，而且破坏投掷过程中整体动作的速度节奏。

最后用力技术训练方法和手段

在训练中要改善右脚着地方式和支撑用力方式，加强滑步与最后用力的衔接训练，如负重滑步接快速支撑，原地投各种实心球，利用斜板或斜坡进行滑步训练；加强下肢专项力量的训练，如加强掌趾关节、踝关节及腿部肌群的退让与超等长力量训练。训练手段有各种快速跳、计时直膝跳、单足台阶跳、跳栏架、拖轮胎跑等，传统的负重半蹲、深蹲等，以提高腿部的绝对力量。在训练中不仅要全面发展身体素质，还要重视和狠抓髋部快速用力带动下肢和躯干向前"鞭打"，特别注意髋部和腰部的力量训练，髋、腰力量差导致滑步水平速度和最后用力垂直速度联接不起来。

最后用力技术的解剖学特征

衡量最后用力是否合理要由用力顺序（蹬腿、转送、支撑、挺胸、推拨）、出手速度、出手高度和出手角度决定。

当右腿发力蹬地后，臀大肌、臀中肌的收缩使骨盆后倾左转，经由股四头肌收缩发力伸膝和小腿三头肌、拇长屈肌收缩使足趾屈，作用于地面，从而获得较大的支撑反作用力，经过踝、膝、髋、骶髂关节的关节面传至脊柱，至上臂经推拨球的原动肌将球掷出，在整个推球的过程中，髋关节起着承上启下的主导作用。

骨盆的位置决定了骨盆在投掷铅球中的上、下肢桥梁作用和左右转动的枢纽作用。推铅球是通过肩与躯干的扭转、两腿转与蹬的统一，作用在手臂上来实现的，在训练中应抓住下列两种关系：

1.髋轴和肩轴的关系

最后用力是由下而上、由右至左地协调配合。最后用力开始，身体重量大部分落在弯曲的右腿上，当转髋和右腿用力蹬地时获得的支撑反作用力推动右髋进一步前移，导致身体重心前移，这样，既发挥了下肢的力量，又使髋轴更大超越肩轴，使右侧腰背肌被动拉长，有利于最后用力推球。此时髋关节的转动先于肩关节的转动，在最后用力阶段，右腿继续蹬转向前上方送髋，身体重心由右腿移向左腿。右胸右髋被展开，肩轴迅速超越髋轴，这样有利于投掷臂爆发用力，使得铅球离手一瞬间获得更大的初速度。

2.左侧支撑与右髋的关系

当滑步结束，左腿快速着地支撑，使身体重心向前的速度制动，这种左侧支撑的反作用力使左髋相反固定，形成以左髋为轴的转动，更好地发挥右腿的蹬转动作。如果左腿落地过晚，就会造成左腿支撑无力，导致右腿蹬地消极。在右腿蹬转向投掷方向送髋时，左肩前引，此时身体重心由右腿移到左腿，这样左腿像弹簧一样形成弯曲压缩状态，使右腿蹬地时获得有效的支撑反作用力。最后用力阶段左肩制动下压，形成以左腿、左肩为支撑轴的左侧支撑，为右髋充为伸展和右侧充分用力创造良好条件。最后推球一刹那，左腿迅速充分蹬直，有利于提高出手点和加大推掷距离。

第2节 推铅球滑步技术练习

下列练习对掌握滑步技术十分有益。

原地正面推铅球练习

原地正面推铅球练习可以分解成三步练习，针对投掷的左侧，注意投掷时锁住身体。原地正面推铅球练习是第一步，将双脚平放，顶住抵趾板，面向投掷区。双膝放松，稍稍弯曲。铅球放在颈部常规处，将身体尽量向后扭转，脚掌着地，掌握身体平衡。如果不扭转身体，准备姿势同前，右脚旋转内扣，臀部带动上身扭转。锁住的左侧身体不动，只是下压，沿左踝，通过膝关节、臀部和肩部，形成一条直线。左臂和左手如上所述锁住，并在投掷铅球时保持住。

原地正面推铅球练习的第二步是将右脚向投掷圈中心后移12—18英寸(30—46cm)，并重复第一步的动作。使用稍大力量并加大臀部动作幅度，但要注意将左侧身体锁住。

原地正面推铅球练习的第三步是右脚向投掷圈中心部位再后移12英寸(32cm)，用更大的力量和更大幅度的动作重复该动作。重复每个步骤3—4次。

原地侧向推铅球练习

原地侧向推铅球练习通过锁住左腿，运用线性力，消除原地正面推铅球动作中大多数的旋转力。双脚呈标准准备姿势：左脚抵住抵趾板，右脚放在投掷圈中部。将身体重心转移至身体右侧，右膝稍稍弯曲以便受力，而左膝则做震动准备。上身不要向后旋转，而是与投掷区呈垂直状。类似原地正面推铅球的技术要领开始投掷：向内旋转右侧身体，右脚以脚掌为轴，脚跟向外提拉，同时将身体重心转移至身体左侧。

这个动作完成了从脚踝到肩部，再将双肩转向投掷区的线性力，其间注意锁住左侧身体。出手点就是左腿位于最高位时。除非需要保持身体平衡，否则不要出现转体动作。

静力练习

静力练习从投掷圈后部启动，做好投掷准备，并保持原地正面推铅球的姿势，该练习其实就是投掷准备姿势及身体平衡的检测练习。

对于运动员来说，这个练习就是体会动作是否正确的一种方法。而对于教练员来说，这个练习意味着放慢动作以检查运动员是否掌握投掷准备动作及身体平衡。开始时，静力练习应由教练员和运动员共同完成，运动员从中体会准确动作，教练员则可以就看到的问题进行指导和纠错。在教练员和运动员之间有了进一步的了解之后，此练习可逐渐改由运动员独立完成。当运动员在投掷圈中心停顿下来时，需要认真地分析原因。如果停顿是由于身体平衡问题而造成，此练习将明确问题所在。但如果运动员有停顿的习惯，该练习可能会加重这个不良习惯。

背向跨步推铅球练习

背向跨步推铅球练习指右侧身体从投掷圈后端移至中部，同时锁住左侧身体。开始练习的姿势如同原地投掷，右腿大跨步至投掷圈后端，右脚尖位于投掷圈后端与中心之间。从这个姿势开始发力，蹬右脚并离地，带动身体转动。在左侧身体基本不动的情况下，右脚落地转动90°。当右脚踩地时，右膝内扣，脚踝向外。继续向上推动身体，从臀部到右肩，再作用到铅球。继续这个向上转体动作直至铅球推出手。

背向滑步推铅球练习

该练习有两种不同的练习方法，都强调肩部维持扭转状态，右脚则滑动至投掷圈中部。对于喜欢尝试不同投掷方法的人来说，这个练习可以作为有效的替换练习，无论该运动员使用滑步还是旋转投掷法。

背向滑步的动作设计为：面向投掷圈后端，双脚分立，膝关节弯曲呈90°，双肩向膝关节处下倾。动作开始时，将身体重心向投掷圈中部转移，直至感觉身体失去平衡，仿佛要坐到椅子上。

此时，左脚向投掷圈中部与后端之间跨出一小步，同时将身体重心向前端移。左腿稍稍向上、向前跳，身体向投掷圈中部移动时带动右脚移动。当右脚落地后，旋转右脚，脚尖从起点位置转至9点钟方向。身体重心继续向投掷方向转移。但在开始投掷之前，身体重心更多地落在右脚上。身体呈最大扭转状。继续向内旋转右脚，随着重心转移，上提右臀，锁住左腿。这样爆发力通过双腿、臀部、身体躯干直至投掷臂，最后由投掷臂将铅球推出。

第3节　推铅球旋转技术练习

旋转技术对移动、平衡和速度的要求高，培养移动时身体平衡便是练习的关键。通过下列两个基本移动练习便可掌握旋转技术的全部技巧。

第一个练习属体操类，重点强调位置和时机，注意力放在身体姿势上。第二个练习重点培养各个阶段如何分配速度、力量和动能，以达到最佳投掷效果。注意，先形成相对固定的投掷姿势，然后再进行实际投掷，建立身体平衡和节奏。通过不断重复掌握技术要领，且细节十分重要。必要的话，给练习动作录像，以达到正确掌握技术动作的目的。

180°旋转练习

180°旋转练习可能有很多其他的名字，如力量转或轮转等。它强调在投掷圈中部以右腿为轴，做身体的平衡旋转。以基本的准备姿势开始，右脚放在投掷圈中部，面对准备姿势位置180°方向。提起左脚，同时右脚以脚掌为轴旋转，在左脚落地的同时将身体完全转至正常的投掷准备姿势的位置上。转身的过程中，身体不能有向上、向下、向后或向前的附加动作，同时肩膀和臀部也要保持原来的姿势。

整个动作的完成是通过旋转右脚，推动脚后跟按逆时针方向旋转，同时带动右膝和臀部逆时针转动。由于右侧身体的转动，悬在空中的左腿和左脚也被带动。此时，便可完成原地侧面推铅球（单个180°旋转投掷）或接着另一个180°（多个180°旋转投掷）。

练习多个180°旋转投掷时，可在准备姿势位置上稍作停顿，坚持站姿是否正确，是否可以继续完成旋转动作。

这个练习的替换练习可在投掷圈外徒手完成，即徒手180°旋转。

练习时，双肩与臀部呈直线。徒手先向前迈三步，至右脚即支撑脚蹬地，开始练习。这时向内旋转右脚和右腿，即逆时针方向旋转。同时抬左腿，向右腿后侧甩，转至准备姿势位置。在此位置停顿片刻，双肩向后，臀部与迈步方向平行，继续旋转至刚才的起点位置，准备下一个180°旋转。

南非旋转练习

该练习的目的是指导运动员如何在投掷圈内运用线性驱动力。首先，教练员和运动员确保脚步动作正确，双脚在12点钟与6点钟方向做直线转。该练习涉及几乎所有的真实投掷动作。开始的四分之一转在此省略。此练习对掌握从单脚支撑开始的投掷节奏十分有益。

南非旋转练习开始位置：右脚站在投掷圈外12点之后的位置，左脚则站在12点位置上。以左腿为支撑腿，逆时针方向旋转身体，保持身体平衡。左腿转动同时带动右腿。左膝向投掷圈中心微屈内扣，如同起跑动作。这个动作与铁饼的南非旋转练习基本一致，只是投掷圈内的距离稍短。动力具有爆发性，右脚必须落地12—18英寸（30—46cm）之间，比铁饼投掷动作速度要快。右脚的落地位置应该是过投掷圈中心8—12英寸（20—30cm）。左脚则以右腿作为支撑腿进行摆动。并快速落在抵趾板附近，双脚距离靠近。投掷出手时双脚跳起并转动。

动作完成之后，左腿和臀部协助身体跳动，并锁住右侧身体，如同投掷出手之前锁住左臂。这个练习的开始位置可做一些调整，如右腿的位置、臀部和膝关节的弯曲度、右腿摆动幅度等。值得一提的是，该练习的目的是线性驱动力、节奏以及投掷的身体姿势。练习动作应与运动员希望达到的目标相一致。

360° 旋转练习

360°旋转练习的目的是培养运动员在投掷圈后端旋转由双腿支撑变为单腿支撑的平衡性。它是介于南非旋转练习与完整的旋转技术之间的过渡练习，即旋转通过线性运动完成。旋转所需的身体平衡虽然没有被突出强调，但它的重要性毋庸置疑。该练习本身比较简单。

练习从投掷圈后端开始，身体重心均分在双脚上，双膝微屈。在肩部向右转动以获取动力之后，左脚脚尖做一个360°旋转，抬右腿以保持身体平衡，在完成旋转之后将其向后落在准备位置。转动时尽量保持肩部和臀部的高度不变，同时尽量保持肩部和臀部在同样的旋转方位，避免上身在双腿和臀部运动之前移动。设想伸展的左臂和微屈的左膝形成一条直线，旋转过程中，这条直线的长度保持不变。

360°旋转练习的价值在于掌握如何在投掷圈后端旋转，同时保持合理的平衡姿势。它也能让运动员通过了解旋转的运动力学机制正确地完成动作。速度也是影响平衡的重要因素，因为部分运动员可以较快地完成动作，但不能慢于一定的速度。优秀运动员在整个旋转过程中保持双膝之间的距离不变。

有些因素会影响动作，包括左脚和左膝打开的方式、时机，为抬右腿而向左转移身体重心的力度，运动速度下降时完成旋转的方式等。当然，此练习有很多替换练习，包括重复练习将360°旋转与其他技术相结合，如南非旋转、全套技术旋转等。如果发现很难完成一个完整的360°旋转，那么可将这个动作拆分成两部分，甚至四个部分完成，直至掌握完整的动作。一旦掌握了360°旋转，你便能掌握正确的平衡线性动力的动作及完成时机。

第 4 节　推铅球技术特点

背向滑步技术

传统背向滑步推铅球技术是美国运动员奥布莱恩·帕里首先采用的，包括在此技术上发展的背向滑步转体推球方法。运动员采用直线向后的滑步形式，身体重心处于平稳状态，保证了滑步速度的提高，增加了最后用力的工作距离，有利于发挥转体力量，属于"侧弓形"与"反弓形"的综合用力技术。其内在的特征是对身体素质要求较均衡。适合身体运动环节个体特征不突出的运动员选择。

短长步背向滑步技术

所谓"短长步"推铅球技术是指滑步距离短(30—40cm)，最后用力两脚间距相对较长(170—180cm)的投掷技术。它是由前民主德国运动员创造的。"短长步"推铅球技术是在传统背向滑步推铅球技术基础上产生的。首先采用这种技术的运动员是布列泽尼克，采用此技术最成功的运动员是沃尔卡·蒂默曼，他们在实践中都取得了很好的成绩。

其主要动作是滑步结束右脚着地后即能产生出推髋侧移的用力条件并促使左脚尽快着地，形成左腿在牢固支撑条件下与躯干一起进行向前"鞭打"用力动作。这种技术要求运动员的右腿必须具有较快进入蹬伸的能力，否则两腿站位较宽很难做出有效的投掷动作。其外在动作表现为"侧弓形"用力明显;"反弓形"用力相对不明显,更强调蹬的意识,而转则是被动进行的。

旋转预加速技术

这种推球技术的典型代表是美国优秀运动员奥尔费德,成绩达到22.68 米。采用这种技术的预加速方式是旋转,在最后用力阶段无论从动作结构还是从方法上更强调转动因素。由于使用这种方法有较大的转动惯性,对运动员的身体素质、技术水平以及身体控制能力等方面都有较高的要求,因此选择采用这种技术的运动员并不普遍,选用时常常比较慎重。

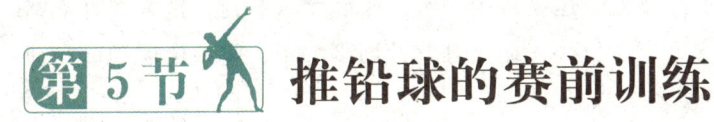

第 5 节 推铅球的赛前训练

赛前训练是运动员训练计划的组成部分,为保证运动员竞技状态高峰出现在重大比赛时,科学、系统、有效的赛前训练至关重要。

赛前训练的主要任务

赛前训练是比赛的专门训练阶段,其时间长短、目标设置、训练结构与具体安排,受多年和全年训练的制约。根据比赛的种类我们可以对赛前训练的时间作以下确定。

一般性的比赛和测试:其目的是为了促进训练质量的提高和检查训练效果,发现训练存在的问题,其特点是比赛为训练服务。一般参加这种专门阶段性比赛:这类比赛是一个阶段训练结束后专门安排进行的。它是一年内参加次数最多而又稍微有准备和要求的比赛。要求运动员逐

铅球与铁饼

步表现出最高训练水平，锻炼比赛能力或为重大比赛做好准备。这类比赛一般都有专门的赛前训练阶段和不同程度的准备，但时间不宜过长，大致1—2周的时间。

重大比赛：在全年或多年训练计划中早已确定的最重要的比赛。如奥运会、世界田径锦标赛、田径世界杯赛、亚洲锦标赛、亚运会、全国运动会等，要求运动员在指定日期内表现出最佳竞技状态和取得最高成绩。这类比赛不仅需要专门的赛前准备阶段，而且赛前训练时间较长，一般进行时间为8—10周为宜，其中赛前最后两周为赛前直接准备阶段。制订赛前训练计划要与全年训练计划的要求相统一，更要与运动员前一段的训练相衔接，必须在对前段的训练工作做出正确判断的前提下，才可能使赛前训练计划的制订更合理、有效。赛前训练的运动负荷是保证运动员在比赛期达到最佳竞技状态的重要条件。

赛前训练负荷要根据运动员的训练水平和个人特点，因人而宜，不可用统一模式去要求。另外，在比赛前的周训练中，应该使运动员在训练后的当日即得到充分恢复。

第 6 节　推铅球的战术技巧

1. 推铅球时手指，手腕用力不当有时会导致挫伤

产生原因

推球时手指完全放松，手指、手腕力量较差，推球时用力过猛。

纠正方法

要求握球时手指有一定紧张程度；注意锻炼手指、手腕的力量；多用较轻的铅球进行练习，注意用力顺序。

2. 推铅球时肘关节下降，形成抛球

产生原因

持球臂肘部过低，滑步过程中或开始推球时，头部过早转向投掷方向。

纠正方法

注意持球时手臂的动作，多做正面推球，要求肘关节上抬不高于肩，滑步和开始推球时抬体阶段，两眼仍看前下方。

3. 滑步距离太短

产生原因

蹬地和摆腿力量不够，或结合不好，或拉收小腿不积极。

纠正方法

徒手或持球反复练习蹬摆动作结合；连续做拉收小腿的练习；在地

079

上画出两脚落地标志，要求滑步后落在标志上。

4.滑步时身体重心上下起伏大

产生原因

蹬地或摆腿过于向上；右腿未蹬直，过早收小腿。

纠正方法

滑步前身体重心先稍后移；左腿摆动时，要求触及后方投掷方向的标志物，标志物高度低于臀部。

5.滑步结束后不能保持投掷前的正确姿势，上体过早抬起，身体重心在两腿之间。

产生原因

右腿拉收动作不完善，一是收腿速度慢或跳起；二是收的距离短，未落在身体重心下面。此外滑步中左臂向左摆动或头向投掷方向转动，带动上体的移动；滑步时抬起上体，身体重心向投掷方向移动。

纠正方法

徒手或持球连续做收腿动作；教师在学生右侧稍后拉住学生的左手，或在背后压住上体，进行滑步练习。

6.滑步后停顿

产生原因

左腿摆动过高，着地不积极；右腿力量弱，滑步后重心下降太大。

纠正方法

背对投掷方向，两脚左右开立，两腿弯曲，上体前倾，然后左脚后撤一步，积极着地后，右脚快速蹬地；持球滑步后结合右腿蹬地动作；加强腿部力量训练。

7. 推球时用不上腰背肌肉和下肢力量,单纯用手臂的力量。

产 生 原 因

投掷臂过早用力,用力顺序不明确;身体各部分动作不协调;最后用力时姿势不正确,身体重心在两腿之间。

纠 正 方 法

做好预备推球姿势,教师在前面抵住学生的右手,或者是教师在后面拉住学生的右手,要学生反复做蹬腿、抬体动作;学生做好预备姿势,教师在后用左手压住学生的左肩,结合学生做蹬腿时,用右手推右髋向投掷方向转动;原地正面或侧面推球,利用下肢和上体"鞭打"动作将球顺势推出。

8. 推球时臀部后坐

产 生 原 因

右腿蹬地不充分,髋部未能转至正对投掷方向;最后用力时两脚前后之间的距离过长;左脚制动大;怕出圈犯规。

纠 正 方 法

教师站在后面,两手扶在学生髋的两侧,推球时帮助转髋、送髋;徒手做最后用力练习,要求用右手触及前上方一定高度和远度的标志物。

9. 推球时身体向左侧倾倒

产 生 原 因

左臂过分向左后方摆动;左脚的位置过于偏左,形成两脚左右的间隔过大,造成左侧支撑不稳。

纠 正 方 法

先将左臂屈肘固定于体侧,做原地推球;右侧正前方固定标志物,原地推球时也可徒手按标志方向推出;地上画出两脚的位置,要求滑步后两脚落在标志上；背靠固定物体。徒手原地推球练习。

10. 推球时出手角度过低

产生原因

左脚支撑无力或膝关节弯曲；推球时低头或向右后下方转动；推球动作慢。

纠正方法

在投掷前上方一定高度和远度处悬挂一标志物，要求推出去的球触及标志物；推过一定高度和远度的横杆（横杆和标志物的高度和远度根据学生的成绩而定）。

chapter 6

铅球的赛事和裁判

推铅球是以力量为基础、速度为核心的速度力量型项目。推铅球运动有着悠久的历史,在其漫长的发展过程中,技术的改进和训练方法的完善推动了成绩的不断提高。

第1节 铅球主裁判的工作职责

全面领导裁判组的工作，负责分配每个裁判员的岗位及任务，有序、安全地完成推铅球裁判工作任务。

组织全组裁判员认真学习竞赛规则、竞赛程序及竞赛须知等文件。

加强赛前培训，重视赛前实习，熟练地掌握推铅球裁判方法。

领导全组裁判员检查铅球比赛场地、器材和仪器设备，领取裁判用具。

听取技术官员、田赛裁判长的建议和意见，及时改进裁判工作。

比赛中，内场主裁判要接受运动员并提出比赛的有关要求；掌握比赛详细情况，控制比赛进程；判定运动员的试掷是否有效。

外场主裁判要负责判定运动员每次试掷时的器械落地是否有效，兼看铅球的落地点位置；指挥服务员将铅球运回内场。

审核比赛成绩、名次，并签名。

第2节 铅球比赛的工作方法

学习竞赛规程和规则

在田赛裁判长的领导下，主裁判组织本组全体裁判员在赛前认真学习比赛的有关文件。了解比赛日程、时间、参赛运动员的人数和成绩情况。

掌握比赛的检录时间、地点。

明确分工与职责

主裁判根据比赛的规程和赛会的要求，确定本组裁判员的工作分工和职责，研究制定全组裁判工作方法和每位裁判员的工作细则。

制定裁判工作细则

主裁判与全组人员一起，共同制定完成比赛任务的工作细则。其中应明确每一个人的工作分工与职责，制订详细的工作计划。落实本组和检录处、赛后控制中心、场地器材组、全能裁判组、竞赛秘书组等组织之间的工作协调联系。

检查比赛场地、器材和设备

比赛前，主裁判应该带领全组对比赛场地、铅球进行严格检查，发现问题或有不符合比赛规则的情况时，应及时向田赛裁判长汇告。检查的主要内容如下：投掷圈内地面是否呈水平，地面是否过滑或过涩。抵趾板的安放是否牢固，其内沿是否与铁圈内沿重合。

落地区标志线的宽度和夹角是否准确。落地区的地面是否符合比赛规则的要求，在铅球落地时，能否留下痕迹。

供比赛使用的不同规格的铅球数量、铅球重心位置、铅球重量和直径是否符合比赛规则的要求，对检查合格的铅球应做好标记。

做好岗前培训、加强安全意识

在主裁判的领导下进行全组裁判实习。实习时，应按照比赛的程序进行，实习的重点是全组裁判员之间的工作配合以及与其他有关裁判组

（如场地器材组、检录组、赛后控制中心、全能裁判组、现场指挥、赛场主持人等）之间的协调。赛前必须多次与计算机终端和激光测距仪操作员一起进行实习配合。加强安全意识，实习中发现问题应该及时进行总结，以确保裁判工作的顺利进行。

检查准备比赛所需要主要物品

红旗2面、白旗1面、黄旗1面、记录器2面。

30米钢尺1把。

手套8副、扫把、拖把、抹布、水桶、棕垫等。

钢签2根。

记录桌2张、椅子若干把。

运动员休息用的长凳若干个。

记录用笔、纸、刀、尺、防雨罩。

比赛用镁粉盒和镁粉。

成绩标志牌 25 个。

放置器械的架子 1 个。

秒表 1 块（备用）。

计时器 1 台。

电动显示牌 1 台。

激光测距仪 1 套。

电脑 1 台，打印机 1 台。

暂停标志和垃圾桶。

比赛中

1.入场前准备工作

将铅球比赛所需要裁判用品如铅笔、秩序册、规则、竞赛须知等有关用品准备好。穿好比赛裁判服、戴好胸卡。做好一切赛前出发准备工作。

到达比赛场地安全检查入口，接受安全检查和查验裁判证件。经过内环通道到达裁判入口处。

经裁判员入口验证进入裁判员休息室。

全体裁判员集合，主裁判点名，强调工作要求与注意事项。

2.入场

赛前 60 分钟，主裁判带领全组裁判员按照大会规定的路线准时整队入场，入场后认真检查比赛场地。器材和激光测距、计算机终端共同进行赛前校对等准备工作。提前领取田赛远度项目成绩记录表。

3.组织赛前练习

运动员到达比赛场地后，首先由主裁判向所有参赛运动员宣布比赛的注意事项和要求，然后组织运动员按照比赛顺序在裁判员的监督下进

铅球与铁饼

行练习试掷。练习试掷应该符合比赛规则的要求，注意安全。在比赛前 5 分钟停止一切练习，整理比赛场地和器材，所有裁判人员应做好各自准备，以便开始比赛。

4.赛前介绍运动员

赛前 5 分钟，运动员停止练习，裁判员组织运动员成一列横队面向主席台站好，由赛场主持人介绍运动员。

5.准时比赛

必须按照大会规定的比赛日程时间准时开始比赛。比赛开始前，主裁判在投掷圈前中央，举手向场地内外的裁判员示意，当确认一切准备就绪时，主裁判退至投掷圈外的适宜位置，并撤离暂停标志牌，电动显示牌显示试掷运动员的号码、姓名和轮次，并从这一瞬间开始启动计时器计算运动员该次试掷的时限。

运动员开始试掷后，内场主裁判和助理裁判员应注视运动员试掷动作的全过程，认真观察运动员是否有犯规情况，直至其在圈内完成试掷，离开投掷圈时，首先触及的铁圈上沿或外地面应完全在限制线的后面。

运动员掷出铅球后，外场主裁判应密切注视铅球的着地点是否完全落在落地区标志线内沿以内。快速、准确地判断铅球落地是否有效，当铅球落地出现失败无效时，外场主裁判应立即举红旗示意。

落地裁判员应密切注视铅球的飞行方向，当运动员出手后应迅速移动自己的位置，在铅球落地后尽快赶到落地点，以便快速地准确判断铅球落地的位置。

运动员试掷结束，内场主裁判立即走进投掷区，成功上举白旗，失败上举红旗，将旗支臂上举约3秒钟示意，以便使观众或运动员都了解试掷是否成功有效。

试掷成功，内、外场成绩测距员应立即进行成绩测量。外场落点裁判员面对内场，插好测距反射镜，内场测距员操作测距仪测定试掷成绩，在主裁判的监察下经复核检测无误后上报成绩；记录员记录成绩、计算机录入成绩、显示屏公告成绩（如试掷失败，也要记录、录入、显示失败符号）。当成绩显示屏旋转回原位后，消去本次显示，按照主裁判的示意，再显示下一试掷运动员的号码，比赛继续进行。

测量成绩时，内场裁判员应在投掷圈内放上暂停标志，以示目前裁判员正在工作，运动员尚不能进行试掷，测量成绩完毕时，内场裁判员撤掉暂停标志，如一轮结束有创新记录时，主裁判应示意外场主裁判插上新一轮记录旗，主裁判等一切就绪退至原来的位置，显示屏通知下一个运动员开始试掷。

记录员应认真观察内、外场裁判员的判决，准确做好记录，当测距员判读成绩时，记录员应该立刻做好记录并复述一遍，以保证成绩记录准确无误。检查记录员应对记录员和计算机操作员的录入、显示屏的显示进行监看，以免发生记录或显示错误。

6.规则的执行

比赛中，主裁判有关裁判员应注意观察运动员是否有违反规则的情况（如接受帮助、擅自离开比赛场地、有不道德的言行等）。如有此类情况发生，应及时报告田赛裁判长予以警告或处罚。

在比赛中运动员超纪录时，应及时通知田赛裁判长及技术官员，保留超纪录的现场，以便进行核查。

当所有参赛运动员完成前三次试掷后，由记录员对在前三次试掷中有效成绩最好的前8名运动员进行重新排序后，经主裁判认可后，对前8名运动员进行第四、五轮次试掷。运动员完成第四、五轮次试掷后，由记录员根据前8名运动员前五次试掷有效成绩进行重新排序，经主裁判检查后，进行第六轮次试掷。

在前三次试掷中未进入前8名的运动员，由管理裁判员将其带至赛后控制中心。

如运动员比赛有兼项请假，主裁判每次可允许该运动员在某一轮的比赛中，以不同于赛前抽签排定的顺序进行试掷。如果该运动员轮到试掷时未到，一旦该次试掷时限已过，则应该视该次试掷为免掷。

在比赛中主裁判与管理裁判员看到时限员上举黄旗，及时提醒运动员注意时限。当时限到黄旗落下，主裁判立即上举红旗，并放置暂停标志，判该运动员该次试掷失败。记录员、计算机操作员均记下失败符号，成绩显示屏显示该运动员的试掷失败符号。如果到时限时，运动员已经开始试掷，应允许进行该次试掷。

比赛中，如果某运动员对试掷失败的判罚立即作出口头抗议，主裁判应及时通知田赛裁判长，该裁判长可以在其权限内下令测量并记录该次试掷的成绩，以便保留所有有关的权利。

7.裁判旗示

在投掷项目比赛中，通常有两名主裁判手中持有红、白旗帜各一面，用来示意运动员试投是否成功。举红旗表示试投失败，成绩无效；举白旗表示成功，成绩有效。其中一名站在投掷区附近的称为内场主裁判，主要判定运动员在试投过程中是否犯规；另一名在落地区内的称为外场主裁判，主要判定器械落地点是否有效。

比赛后

比赛结束后，记录员应对运动员的比赛成绩进行认真检查与排序，并与计算机操作员核对无误后，交主裁判，主裁判对该项目的成绩和名次进行认真核对并与计算机操作员对计算机录入的成绩核对无误，并交田赛裁判长、技术官员签名确认后，计算机操作员方可将决赛成绩向赛会终端确认。最后由记录员将手工记录成绩单送交赛会竞赛秘书处。

由管理裁判员带领前8名运动员经混合区至赛后控制中心。

全体裁判员整理比赛场地和器材。

裁判员整队退场。

主裁判组织全体裁判员在裁判员休息室内进行工作小结，准备布置下一单元的比赛工作。

| 铅球与铁饼

第 3 节　铅球比赛的问题和预案

赛前检查铅球抵趾板内沿是否与铁圈内沿重合，抵趾板是否牢固。在运动员采用旋转式推铅球的开始阶段(以右手推铅球为例)，右脚摆动时易触及铁圈上沿。在推铅球的缓冲动作阶段，运动员在换腿时也容易触及抵趾板上沿。

进行裁判工作时，主裁判应选择合适的位置，不受场内其他任何环境的影响，认真仔细观察运动员比赛时两脚的动作。

主裁判应在比赛开始前向运动员介绍有关比赛要求和安全的注意事

项。在比赛中维持比赛场地的良好秩序。内外场裁判员还要落实裁判组内服务员的安全措施。

当运动员中途弃权退出比赛时，退出比赛前成绩有效。

当运动员第一次试掷成功，成绩有效，并且进入前8名，但第二次试掷中因违反体育道德或有不正当行为被取消比赛资格，运动员第一次成绩有效，但不参加后三次试掷，以第一次试掷有效成绩为决定名次的成绩。

赛前主裁判应与比赛场地内的医疗站取得联系，协商当出现运动员受伤时的联系方式，明确协助医疗人员现场救助的组内裁判员，以防出现忙乱。

充分调动组内每名裁判员的工作积极性，裁判工作中一旦出现小的纰漏，要按照裁判员制定的预案及时做好补救工作。

比赛中，加强对运动员服务广告的管理。

第4节　残奥会铅球级别

残奥会田径比赛级别根据田赛和径赛分别在级别前加T(径赛)和F(田赛)，全能比赛则加P，总体共分如下级别：

视力障碍运动员（矫正视力，田赛和径赛使用相同级别）：

11级运动员双眼无感光，全盲。

12级运动员的视力为从能识别手的形状到0.03和（或）视野小于5度。

13级运动员的视力为从0.03以上到0.1和（或）视野大于5度小于20度。

脑瘫运动员（田赛和径赛使用相同级别，31—34级需要使用轮椅，35—38级不需要）。

31—38级（数字越小，残障程度越高）。

脊椎损伤运动员

51—58级（数字越小，残障程度越高，径赛不使用55—58级的级别）。

截肢运动员共分9个级别分别参加轮椅组和非轮椅组比赛。

其他残障运动员（在T或F前再加上LA）：

1—6级（数字越小，残障程度越高，田赛中1—4级可使用轮椅，径赛中1—2级可使用轮椅，径赛没有5—6的级别）。

第5节 铅球运动的赛事组织

铅球运动比赛项目有奥运会铅球项目、世界杯田径赛铅球项目、世界田径锦标赛铅球项目等。世界铅球运动由国际业余田径联合会(IAAF)负责管理。

铅球的赛事和裁判 / chapter

奥运会田径项目——铅球

奥运会铅球比赛是指将铁球或者铜球尽可能地向远投（以推的动作扔），男子铅球比赛用球重达 7.26kg。女子铅球比赛用球重达 4kg。奥运会铅球分为男子铅球和女子铅球。

参赛选手须从投掷圈内投掷，投掷圈直径为 2.135 米（7 英尺），圈前部大概 10 厘米（4 英寸）处有一木质抵趾板。

在铅球落地之前,选手不得离开投掷圈。自夏季奥运会开始举办之时,铅球比赛就是其中一个项目。2 名决赛选手都有三次投掷机会。前 8 名决赛选手还有另外三次机会。

铅球世界纪录保持者

男子铅球世界纪录由美国选手兰迪·巴恩斯保持,成绩为 23.12 米(75 英尺 10.2 英寸)。

女子铅球世界纪录由苏联(俄罗斯)选手纳塔莉亚·利索夫斯卡亚保持,成绩为 22.63 米(74 英尺 2.9 英寸)。

铅球奥运会纪录保持者

奥运会男子铅球纪录由前民主德国选手伍尔夫·蒂默曼在 1988 年汉城奥运会上创造,成绩为 22.47 米(73 英尺 8 英寸)。

奥运会女子铅球纪录由前民主德国选手伊伦娜·斯卢皮亚内克在 1980 年莫斯科奥运会上创造,成绩为 22.41 米(73 英尺 6 英寸)。

国际田径联合会

世界铅球运动由国际业余田径联合会(IAAF)负责管理。国际田联 1912 年成立于瑞典斯德哥尔摩,现有会员国 210 个,总部设在英国伦敦。

联合会的宗旨是:开展世界田径运动;在所有会员之间建立友好关系;采取必要措施反对种族、政治和宗教信仰歧视,为不同种族、不同政治态度和不同宗教信仰的运动员参加国际比赛消除障碍;制定国际比赛的章程和规则,保证会员之间的比赛按田联制定的章程和规则进行;与新的国家田协联系,解决在田径运动中出现的有争议的问题;与奥运会组委会合作举办田径比赛;制定世界纪录登记规章。中国于 1928 年加入该组织,后由于政治原因于 1958 年退出,1978 年国际田联恢复了中国在该组织的合法地位。

世界杯田径赛

世界杯田径赛(IAAF World Cup in Athletics)是由国际田联(IAAF)主办的一项高水平田径赛事。

20世纪70年代前,世界性田径赛,只有国际田联与国际奥委会共同举办的奥运会田径赛。国际田联从20世纪60年代中期就已开始的欧洲杯田径赛中得到启迪,想仿效欧洲杯赛,组织与之类似的世界性田径赛,借以促进世界特别是亚非田径运动的发展。经过多年酝酿,1975年组办这类比赛的方案基本形成。随后国际田联向各国和地区田径组织征询了有关意见、1976年7月第二十一届奥运会期间国际田联会议正式通过决议。决定举办世界杯田径赛,每两年一届,赛期在奥运会前一年或后一年。

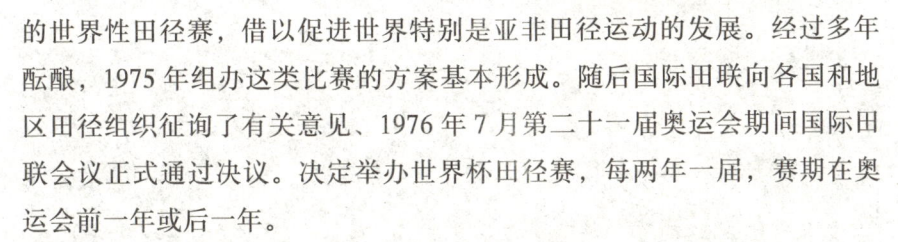

1977年于联邦德国杜塞尔多夫举行了首届世界杯赛,随后1979年于加拿大蒙特利尔、1981年于意大利罗马召开了第二届和第三届。1981年第三届杯赛后,按理第四届应在1983年举行。因国际田联首次组办的另一项世界赛——世界田径锦标赛定在该年,杯赛改期在1985年于澳大利亚堪培拉举行。并从此开始,杯赛由两年一届改为四年一次,赛期固定在奥运会后一年。

世界杯田径赛只举行决赛,参赛的共8个队:美国队;欧洲杯冠亚军

铅球与铁饼

各1个队；五大洲每洲各1个队，由所在洲田联选拔产生。但是，1981年第三届杯赛于罗马举行时，东道主意大利单独派了1个队出席，成为9个队。在1989年和2002年东道主也派队参加了比赛。

杯赛每个项目各代表队限一人或一队（接力项目）参加。计前八名团体总分，办法是：单项或接力赛第一名8分，第二名7分，以此类推。

世界杯赛设置的项目相对来说较少。从1977年至1985年的四届，男子固定为20个，无竞走、马拉松和十项全能；女子项目略有变化，1977年为14项，1979年增加了400米栏，1985年又加设了10000米，发展到16项，同男子一样，未设马拉松和全能项目。世界杯赛是第一个将女子400米栏、3000米跑列入世界性大赛的。

chapter 7

赛前准备与礼仪

在田径比赛中,准备活动的好坏直接关系到参赛运动员能否发挥出真实水平,是取得优异成绩和防止运动损伤的关键。

| 铅球与铁饼 |

第1节 运动员赛前准备活动

赛前准备活动的生理机制

在做准备活动后，体温略有升高，身体会感到微热，适度地增强体温可提高神经传导的速度，使肌肉黏滞性降低，提高血液中红细胞与氧的结合力。在进行准备活动后，体内新陈代谢提高，左心室的充盈时间与射血时间缩短，提高心脏工作效率，同时血液阻力减小、血乳酸水平下降，肌肉收缩与放松的速度加快，使肌体处在良好的准备状态。因此，赛前做准备活动，能提高大脑皮层和中枢神经系统的兴奋性，促进各系统器官互相进行协调活动，克服机体的生理惰性，为肌体发挥更大的工作效率做好准备。

赛前准备活动的种类

一般性准备活动

一般性准备活动由走、慢跑开始，之后进行几分钟的徒手操练习，这些练习后进行一些静力性柔韧练习，特别注意活动那些柔韧性较差的部位。

专门性准备活动

专门性准备活动与运动项目有关系，要在比赛中获得最佳竞技状态，掌握好准备活动的量与强度是十分重要的。

例如：一个跳远运动员做跳远练习，应该为比赛保存实力，做一些模仿练习。如果有 6 次跳远机会，运动员应该在准备活动时跳 2—3 次，以保证最佳的效果在比赛中出现。

接续的准备活动

由于运动员的参赛项目之间间隔短或每次试投后到下一轮次有很长时间，要想在下一轮次取得好的成绩，就有必要进行接续的准备活动。如果每次都进行如前所进行的间歇，会使准备活动的效果下降。一般来说，在准备活动结束后 30 分钟左右，效果就会逐渐减弱，慢慢会回到原来的状态。但如果在效果消失前 5—10 分钟时进行慢跑和体操等接续活动，即可保持良好的竞技状态。接续准备活动的时间长短与内容可在多次的

实践中总结，逐步积累。

不同项目准备活动的方法

短跑的准备活动

（1）伸展运动和体操。

（2）从放松慢跑开始，然后逐渐提高速度，使身体的温度升高。最好把前两种方法组合穿插在一起进行，其效果更好，尤其是多加入柔韧性的练习。

（3）不穿钉鞋跑 2—3 次要求动作速度要快，幅度要大，特别注意放松。

（4）起跑后的加速练习。听枪等信号做出快速反应，检查从加速跑到最大速度的技术能否很好地发挥出来。

（5）在放松跑、慢跑和体操后，可采用按摩等手段，以达到使紧张的肌肉放松的目的，同时注意保温和休息。注意短跑要求有高度的集中力，因此，这个准备活动不能过长。同时，还要注意动作的速度和幅度。

中跑的准备活动

（1）伸展运动，体操和慢跑等交替进行，和长跑一样，需一定的时间，逐渐升高体温。

（2）采用与比赛相同的速度，间歇跑 300—400 米。

（3）加速跑应逐渐提高速度,用接近最大速度的速度跑,预先给予刺激。

（4）进行简单的体操伸展运动并注意保持体温和休息。

长跑的准备活动

（1）穿插进行体操和伸展运动，使身体充分舒展，尤其注意各关节活动。

（2）从放松跑开始，提高体温，然后逐渐提高速度。在微微出汗后，测量脉搏数，可知道准备活动的完成情况。

（3）在跑的过程中稍加入些体操活动，以调节呼吸。

（4）休息时注意保持体温，但不能躺下休息。长跑是耐久力的比赛，因此既要满足以上条件，还要尽可能地节省能量，若准备活动过多就会疲劳。

跳跃项目的准备活动

（1）体操、慢跑、伸展运动和放松跑等。

（2）进行起跑等练习，可以代替跳跃运动，如跨步跳等。

(3) 助跑练习。预先在练习场地进行步点确定助跑，并根据当时具体情况进行必要的调整。

(4) 全力或者用80%的力跳跃，以体会肌肉用力的感觉。

(5) 少量体操练习和放松慢跑，按摩与休息。

投掷项目的准备活动

(1) 充分进行伸展运动和体操练习。

(2) 放松慢跑和放松跑。

(3) 和跳跃的助跑练习一致，准确细致地进行投掷助跑。

(4) 全力或用80%的力量进行数次试投获得直接感觉。

(5) 按摩和休息。

准备活动的时间和强度

准备活动的强度和时间取决于个人的具体情况，强度应掌握适宜，过小达不到要求，过大又能引起肌体疲劳。准备活动的时间一般应在45~80分钟，运动员在比赛前20分钟应减量，约在赛前10分钟结束准备活动，但也应根据各项目的特点有所差异。

第2节 铁饼、铅球比赛的观看礼仪

任何一项历史悠久的体育运动都承载着其特定的文化，田径也不例外。田径爱好者应将观看比赛当作是感受运动之美、感受生命魅力的行为。

田径是奥运会中最大的项目，在观看田径比赛时一般要注意以下几点：

1. 观摩比赛应提前入座，这样，既尊重运动员，也不影响他人观看比赛。

2. 颁奖升旗奏歌时，应肃静起立，不要谈笑或做其他事情，以示尊重。

3. 运动员出场时，观众应该给予鼓励和掌声，不只给予本国的和自己喜欢的运动员，还应包括其他的运动员。

4. 当运动员开始跳跃、投掷项目助跑时，观众可以根据运动员的助跑节奏鼓掌，注意不要在看台上随意走动。

5. 在高度项目比赛中，即使运动员水平再高，最终都要以自己所不能逾越的高度而告终。所以当运动员成功越过某一高度时，我们应该向运动员表示祝贺。但是，当运动员最终未能越过更高高度的横杆而结束比赛时，观众也应该向运动员报以热烈的掌声。

6. 进行短距离径赛项目时，当运动员站在起跑线后，宣告员开始介绍每位运动员时，观众应报以热烈的掌声和欢呼声，以表示对运动员的喜爱和支持。当裁判员发出"各就位"口令后，即运动员俯身准备起跑时，赛场应保持绝对的安静，观众不要鼓掌呐喊，而应该在心里默默地为运动员加油，以免使场上运动员由于场外因素而分神。当发令枪响后，观众就可以完全释放出自己的活力和激情为自己的偶像呐喊助威了。

7. 在一些长距离项目，如马拉松中，当远远落后的运动员坚持到终点时，观众应该把最热烈的掌声送给这些运动员，为其重在参与的精神鼓掌。

8. 比赛结束时，获胜运动员为答谢观众一般还会绕场一周，大家一定要用掌声和欢呼声对其精彩表现表示欣赏和鼓励。

9. 把赛场当作自己的家去爱护。赛场内禁止吸烟，手机要关机或设置在振动、静音状态。

第3节 运动员参赛心理

重大比赛前，要紧紧掌握运动员，特别是重点运动员的思想状况及在整个比赛中的思想变化；赛前应理顺各种关系，创造一个宽松、和谐的思想环境。

重大比赛前，在精神上要压倒对手，树立敢打必胜的信念；对比赛不抱侥幸心理和不切实际的幻想，不背思想包袱，保持良好心态，振奋精神去夺取胜利。

心理准备要落实到身体、技术和战术训练中去，要与思想准备紧密结合。

良好的心理素质水平是一种技能，是长期训练的结果。赛前心理准备对取得比赛的胜利有着十分重要的意义，一方面需要通过扎实系统的训练，将技术调整到最佳状态，以增强运动员的比赛信心，另一方面采取模拟比赛等多种训练形式，提高运动员的适应能力和应变能力。通过分析比赛的具体情况，让运动员心中有数，在各种困难和复杂的情况下，保持沉着和冷静，排除各种干扰，集中注意力，保持良好心态，团结战斗到投完最后一个球。

chapter 8

铁饼的起源

铁饼属于投掷类运动项目,它们都是建立在运动员身体韧性、弹性、柔软性的基础上,以自然顺畅的腿、腰动作,带动肩、臂、腕等,使手的移动加快,完成强有力的投掷的运动。

铅球与铁饼

第1节 铁饼的起源

铁饼是田径运动中技术性较强的项目，其历史源远流长。根据文献记载，古希腊在公元前12世纪至公元前8世纪，已经有投掷石片的体育活动，在远古时期，古人类为了获得生活原料，常用石块去投掷飞禽走兽；在采集高大植物的果子时，也常用石块投掷，打击树枝，使果子掉下树来，便于采集，这可能就是铁饼运动的最早渊源。

早在希腊的荷马时期，掷石块和掷铁饼就已经成为一项很普遍的体育活动。这在荷马史诗《伊利亚特》和《奥德赛》中也有很多的记载。

如今的铁饼是由古奥林匹克五项全能（另四项为跳远、标枪、跑、摔跤）之一的掷铁饼演变而来。掷铁饼运动是在公元前708年第十八届

古代奥运会上，被正式列为竞赛项目的。古希腊人把运动员投掷铁饼的节奏、准确度和他的力量视为同等重要。最初的铁饼是一个圆盘形石头，且中心厚度较周边大，如同一个飞起来的碟子，后来这块石头逐渐演变为用青铜、铁等金属制成的运动器械。

据考古挖掘的史料证明，19世纪在奥林匹亚出土的铁饼，重量和规格很不一致，大部分铁饼的重量是3—9磅，直径为6—9英寸，另外也有直径11英寸，重量达15磅的，那是为了在训练或竞赛中分别给少年及成年运动员使用的。当时铁饼表面有的刻着记事的文字，有的饰有竞技者的画像，还有的铁饼用皮囊装着，其珍贵程度可见一斑。说明在古代掷铁饼运动也有过它的黄金时代。

比赛时，竞技者不限定姿势，从一个被古希腊人称为"巴尔比斯"的场地上将铁饼用力掷出。而"巴尔比斯"占地面积很小，仅够一人活动，除其后方外，周围均有标线。竞技者双脚并立站在距"巴尔比斯"前方标线一步的地方，右手握饼向身体右侧转动预摆数次之后，左脚即向前迈出一步，随后用力将铁饼掷出，不得踩踏或超越前方或侧边的界线。这就是后来被人们称为"希腊式"的掷铁饼动作。投掷成绩以木桩标定，最远者的距离则用标杆予以标明。

当初，竞技场上常出现严重的伤害事故。这是因为围观比赛的人常随便进入投掷区域所造成的。据说在公元前696年的第二十一届古代奥运会上，有个优秀的斯巴达城邦的运动员就死于飞来的铁饼之下。以后，仲裁委员会便做出规定，任何人都不准在比赛时无故进入投掷的区域。

为了艺术表现运动员在奥林匹克竞技场上的精湛表演，公元前5世纪

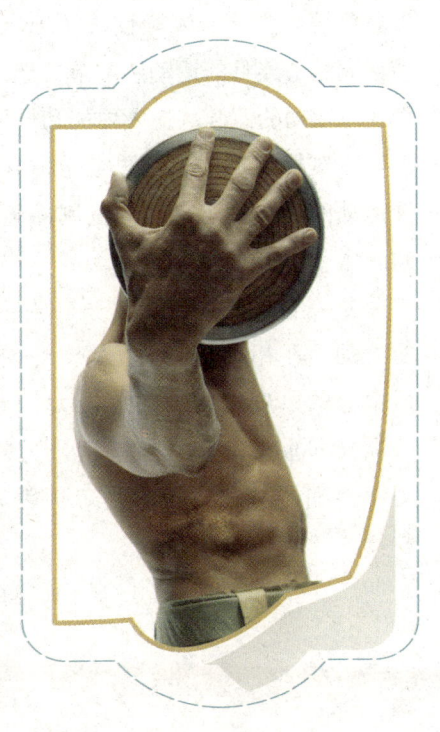

铅球与铁饼

古希腊著名雕塑家米隆创作了一座健美刚毅的《掷铁饼者》雕像，整尊雕像充满了连贯的运动感和节奏感，突破了艺术上时间和空间的局限性，传递了运动的意念，把人体的和谐、健美和青春的力量表现得淋漓尽致。

这尊雕像被认为是"空间中凝固的永恒"，直到今天仍然是代表体育运动的最佳标志。它的复制品至今还耸立在许多国家的文化广场、公园或体育场馆。

今天的人们在进行铁饼比赛时，所用的姿势和米隆的那件雕塑中的运动员所用的姿势是一模一样的。而铁饼的形状，也一模一样，都是中心的厚度较四周的厚度大，形状也都是圆形的。所不同的是它们的周长和重量有很大的区别。另外还有一点不同是：古代铁饼比赛是用距离和姿势的优美来确定优胜者，而今天，则纯粹是用距离来衡量胜负。

第 2 节　铁饼技术的演变

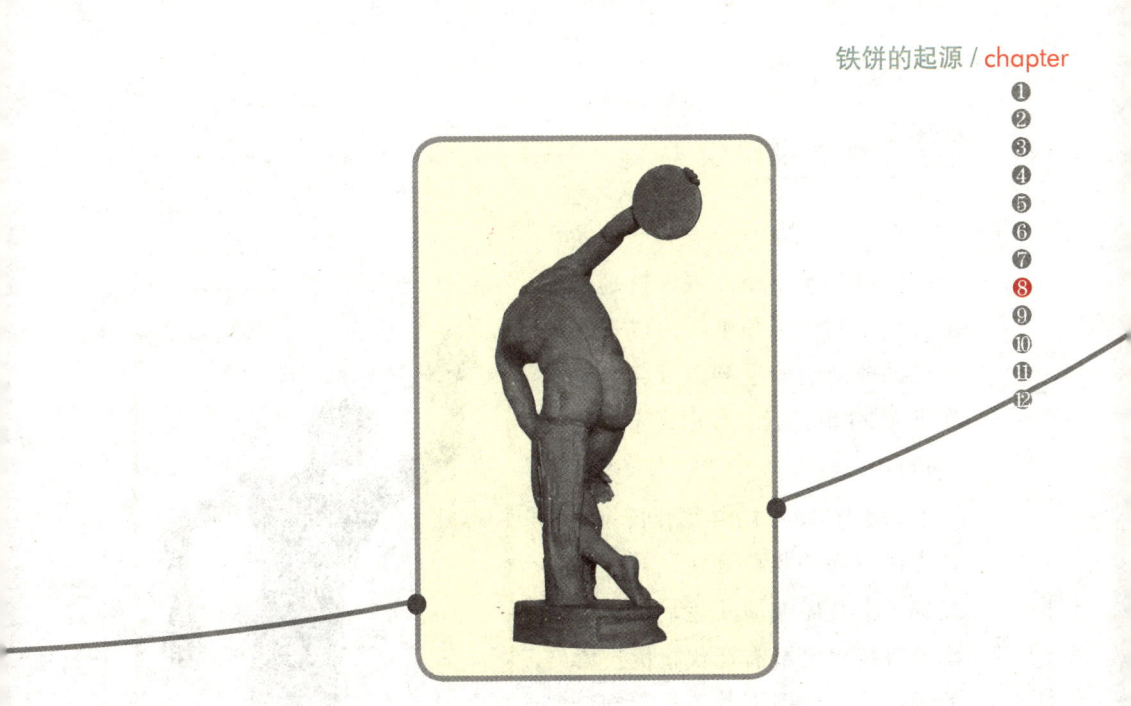

现代掷铁饼运动是伴随着奥林匹克运动的兴起和不断发展而逐步走向成熟的。现代掷铁饼技术的演变主要经历了三个不同的发展阶段。

历史继承阶段

现代奥林匹克运动刚刚兴起时，掷铁饼技术和场地条件还很不规范。一些运动员甚至在技术上还沿袭古代的投掷方法。如在 1896 年希腊举行的第一届奥运会上就采用方形场地，运动员也采用"古希腊式"和"自由式"两种投掷方法。

铅球与铁饼

创新发展阶段

在 20 世纪上半叶,积极创新的掷铁饼技术不断涌现,特别是旋转技术的出现和不断改进带来了运动成绩的一系列重大突破。在进入 20 世纪后不久出现了"侧向转身"技术。

20 世纪 30 年代由"侧向转身"技术演进为"跳跃旋转"技术,投掷者上肢做波浪式运动,这时掷铁饼技术已具有现代投掷技术的雏形。其代表人物是意大利运动员康索里尼,他采用这种背向旋转技术首次突破 55 米大关,并取得 1948 年奥运会冠军。

20 世纪 50 年代掷铁饼技术又有了新的发展,人们试图获得更快的起转速度,出现了"起跑式旋转"技术,开始旋转动作过程中上体迅速前倾,左脚迅速蹬离地面,右脚快速落地以维持身体平衡。其代表人物是美国运动员乔迪恩,他于 1953 年用这种技术创造了当时 59.28 米的世界纪录。

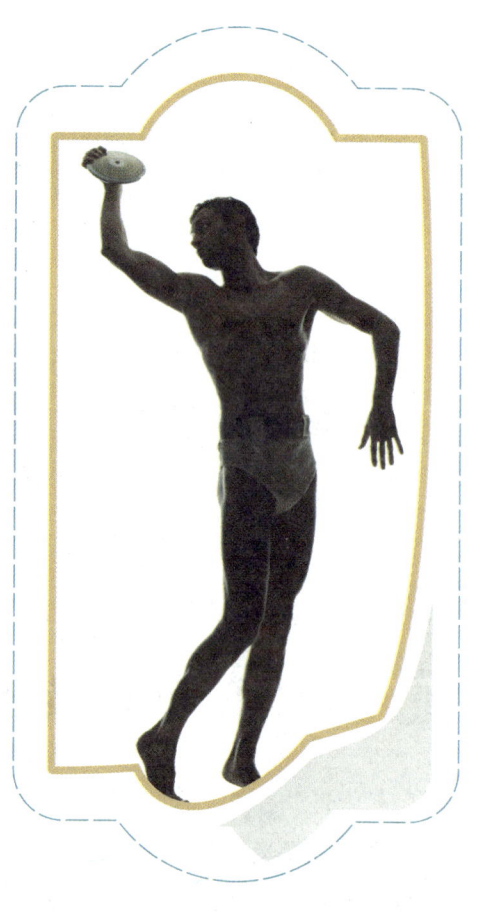

技术完善阶段

进入 20 世纪 60 年代,人们更加注意到保持铁饼连贯加速和强化人体—器械系统平稳运动对增加用力实效和投掷成绩的重要作用,出现了"低腾空旋转"技术。与"低腾空旋转"技术同时出现的还有一种技术类型被称为"连贯旋转"技术。这种技术强调控制右腿前摆动作，以求尽快获得支撑旋转的更好效果。还有一些投掷选手在旋转中把铁饼"背"在背后，像连续获得四届奥运会冠军并四次打破世界纪录、博得"铁饼之神"美誉的美国选手厄特就是采用这种持饼旋转方式。

在最后用力"鞭打"动作的双腿支撑用力方式上，不少运动员喜欢采用双腿固定的"支撑投"方式，认为这样做更符合力学原理，特别是20世纪60年代末和70年代初在投掷强国民主德国女子运动员中非常普遍。但直至今日大多数男选手仍喜欢采用"换步投"方式，认为它便于发挥腰腿力量，加快动作节奏。这两种用力方式各有千秋，目前运动员仍依个人特点选择并继续发展着这些技术。由于传统的背向旋转投掷技术具有简捷、流畅和实效性强等显著特点，目前仍然被各国优秀选手所广泛采用。

项目成熟阶段

现代奥运会史上，曾有过双手掷铁饼的比赛项目。掷铁饼技术经历过原地投、侧向原地投、侧向旋转投、背向旋转投几个发展过程。背向旋转技术在动作结构和节奏上得到不断改进和完善，使动作幅度大、有效加速距离长、出手速度快，更符合生物力学要求。现代掷铁饼技术的特点是旋转平稳舒展，腾空时间短，身体重心和转动轴变化合理，整个动作协调连贯，加速节奏好，用力幅度大，出手速度快，最后用力时男运动员多采用"跳投"技术，女运动员多采用"支撑投"技术。

|铅球与铁饼

第 3 节　铁饼运动历史纪录

世界上第一个男子掷铁饼的正式成绩是1896年在第一届奥运会上创造的，成绩是29.13米（铁饼重量不详）。1901年，来自波斯尼亚的F·扬达苏克将成绩提高到39.42米。1912年，美国选手创造了第一个世界纪录47.58米。1930年，美国运动员埃·克兰茨采用上步侧旋的投掷技术，以51.03米刷新世界纪录，第一个突破50米大关。1961年，美国运动员威尔金斯第一个以60.56米的成绩突破60米大关。

铁饼的起源 / chapter

20世纪五六十年代，美国运动员阿尔弗雷德·厄特以其得天独厚的身材和非传统的合理的独特技术多次创造世界纪录，并连续获得1956年至1968年四届奥运会的铁饼冠军，成为奥运会单项赛中唯一四连冠的选手，被誉为"铁饼之神"和美国铁饼运动的"常青树"。1962年，他在洛杉矶以61.10米的成绩首次打破世界纪录，以后，他又以62.45米、62.62米两次改写世界纪录，1964年，他以62.94米再创世界纪录。1980年，在他43岁的时候，仍将自己的最好成绩提高到69.46米，轰动了世界体坛。男子铁饼的现世界纪录是74.08米，由民主德国选手丁尔根·舒尔特于1986年6月6日创造。

女子铁饼于1928年第九届奥运会上被列为正式比赛项目，但世界纪录直到1936年才开始设立，创建者是德国著名投掷运动员吉·毛厄尔迈尔，成绩是48.31米。1952年有人用新的背向旋转投掷方式取得了很好的效果，并以57.04米的成绩创造了当时的世界纪录，引起了世界各国掷铁饼运动员和教练员的重视。1960年，苏联选手塔玛拉·普雷斯以57.15米的成绩刷新了世界纪录，1965年又创造了59.70米的新纪录，自此，她共12次改写铅球、铁饼的世界纪录。

20世纪70年代初苏联运动员法·麦尔尼克在掷铅球上取得了突破，她率先采用了适合自己特点的在左脚跟上开始旋转的投饼技术，取得了优异成绩，在1971—1976年间，她11次刷新世界纪录，成为铁饼界破纪录次数最多的运动员，成绩从64.22米到70.50米。麦尔尼克的技术后来被民主德国选手埃·雅尔所沿用，她分别以70.72米和71.50米两次打破世界纪录。现世界纪录为民主德国选手加布里尔·赖因施于1988年7月9日在新勃兰登堡创造的76.80米。

铅球与铁饼

第4节 铁饼运动器械的发展

掷铁饼是一项古老的运动,远古人类投石击兽大致有两种形式:一种是投掷圆石,后来演变成推铅球;另一种是投掷扁石,后来成了投掷铁饼。

掷铁饼是在公元前708年第十八届古代奥运会上被正式列为比赛项目的,当时所用的器材就是扁圆的石块。

比赛时,运动员站在一个石台上,做几次预摆后将饼掷出。那时的"铁饼"重量大小没有统一标准,因为比赛是用距离和姿势的优美来确定优胜者,而今天则纯粹是用距离来衡量胜负。古代的掷铁饼是一项演绎了人体和谐、健美和青春力量的运动,这一点单从古希腊著名雕塑家米隆的代表作《掷铁饼者》就可见一斑。

随着时间的推移,"铁饼"的形状逐渐趋于规范,材质也趋于多种多样。19世纪,在奥林匹亚发掘出一批关于体育的文物,其中就有古代的铁饼。这些铁饼重约1.5—1.7kg,直径为16.5—34cm,厚约1.4cm。出土的"铁饼"有木质、石质、铁质等,表面都刻有运动员的肖像或铭文。

17世纪开始，人们将铁饼改为铁木结构，并规定了标准：重量1.924kg，直径21.9cm。一直到18世纪初，铁饼的形状结构、直径以及重量都只有微小的变化。

现代正式比赛中使用的铁饼是一个木质圆盘加上金属包边，它的上下两面都一样光滑，中心是平的。男子铁饼重约2.005—2.025kg，直径21.8—22.1cm。女子铁饼重约1.005—1.025kg，直径18—18.2cm。

第5节 铁饼技术的现状

从1896年开始的现代奥林匹克运动会，铁饼比赛有两种不同形式。一种是站在斜面上原地掷铁饼（古典式），另一种则是"自由式"。铁饼的投掷方式渐渐由原地掷过渡到从一个方形区域掷。直至1912年，铁饼运动才真正发展成为今天这样从一个直径2.5米的投掷圈里投掷。

有很多年，投掷圈在土地上或草地上画。土圈比较受追捧，因为土壤易于打理，可保持相对平整的表面。带有1寸长钉子的田径鞋是铅球和铁饼运动员的选择对象。穿钉鞋便于在土圈内快速旋转，但投掷者会花费大量时间平整投掷圈。

到20世纪50年代，投掷圈首次使用沥青铺设表层，然后发展为用水泥铺设。投掷运动鞋也由钉鞋变为平底鞋。因为表面极为平整，几乎零坡度，水泥地表面成为最佳选择，并一直沿用至今。不过水泥地表面存在很多摩擦问题。投掷圈常常不是太滑就

| 铅球与铁饼

是太涩，不利于完美的投掷，但运动员知道如何适应它。

1896年第一届奥运会，男子铁饼即被列为比赛项目；1897年首次出现了旋转掷法；1912年国际田联统一了铁饼的重量和规格；1928年第九届奥运会上，女子铁饼也被列为比赛项目。现代铁饼运动于20世纪初传入中国，1914年，男子铁饼首先成为全国运动会正式比赛项目；1933年，女子铁饼也被列入。

新中国成立后，铁饼运动，尤其是女子铁饼运动有了很大发展，中国选手在国际大赛上屡创佳绩。近年来，中国的铁饼运动水平略有滑坡，与欧美等强国还有一定的差距。

中国铁饼运动的现状

田径是众多体育项目中的基础项目和重点项目，具有金牌多、影响大、竞争激烈的特点，一直受到世界各国的重视。田径共有男女46个小项，每个国家都不可能面面俱到，均衡发展。竞走、女子中长跑、男子110米栏是目前我国的优势项目，而铁饼在我国是一项深受人们喜爱的运动项目，尤其是广大青年朋友的积极参与，使它具有了广泛的爱好者群体。

1956年11月我国运动员石宝珠第12次打破全国纪录，并以50.93米的成绩列当年世界第7位，相当于同年举行的第十六届奥运会的第四名。1965年和1966年刘德翠以55.10米成绩再次进入世界前10名。20世纪70年代我国开始引进国际先进的宽站立、低姿势、大幅度掷铁饼技术，并使之与我国运动员的训练特点成功对接。李晓惠和谢建华等人多次刷新全国纪录。1980年5月李晓惠以61.80米突破60米大关，并三破亚洲纪录。1986年以后，侯雪梅和于厚润又曾多次刷新亚洲纪录，侯雪梅获1989年世界大学生运动会铁饼冠军。闵春凤获得第二十五届奥运会铁饼铜牌。1992年肖艳玲突破70米大关，以71.68米列当年世界最好成绩，并创造了女子铁饼的全国和亚洲纪录保持至今。

而男子铁饼相对于女子的发展要稍慢一些，1954年李秉诚以42.28米首创新中国男子铁饼纪录。之后，孙久远五破纪录，并在1959年8月创造了53.48米的全国纪录。

自从1949年中华人民共和国成立后，我国铁饼运动的成绩迅速提高，其中女子铁饼是我国田径史上最早进入世界先进水平的投掷项目。女子铁饼项目属于对爆发力、速度尤其是技术均要求较高的项目，这些要求与我国女子铁饼运动员所具有的技术动作快速、协调、灵活等特点吻合。该项目应成为我国田径优势项目，采取多种措施大力发展，为国争光。

从理论分析及实践结果来看，中国相对适合发展的田径项目有：对意志品质、速度

耐力和技术均要求较高的比赛时间长的项目,对爆发力、速度尤其是技术均要求较高的项目。女子铁饼项目正属于对爆发力、速度尤其是技术均要求较高的项目,可以而且应该成为我国田径的优势项目。我国女子铁饼项目曾是我国田径史上率先进入世界先进行列的项目之一,优秀的运动员层出不穷。

　　我国目前女子铁饼队伍人才梯队年龄结构比较合理。在优秀铁饼运动员中,我国选手与外国选手相比,一般来说身高、体重和力量指标稍差一些,全运会、国际大赛目标并不完全一致。全运会一结束,大家彻底放松,无人、无心再抓训练。应该说这种现象已对中国田径备战世界大赛特别是备战奥运会总体目标的实施构成不少的障碍。在中国田径的历史上,队员因动作协调、快速灵活,曾经在女子铁饼项目上创造优异成绩。成绩排名世界前列的运动员,如肖艳玲、闵春风等,她们并不是因为身体条件和身体素质超群,而主要在于形成了自己鲜明的技目标和追求,不仅仅将目光锁定在全运会上,充分发挥了自身动作协调、灵活、爆发力较好的特点。

我国地域辽阔，人口众多，建设一支高度集中的由田径管理中心直接抓的队伍，是运动员选材的一大优势，应充分利用好我们的优势和国家集训队，发挥举国体制的优势。为了完成国家的目标和充分挖掘我们特有的潜力，为我国女子铁饼项目跻身世界水平服务，田径管理中心可以对运动员人员编制、经费投入及其他方面给予更强有力的支持，为田径运动员提供更好的训练、竞赛、科研、医务等方面的保障。

我国田径界一直在重复着一个怪圈：全运会将国内最好的训练管理、训练、科技、医务人才集中调配使用，使较好的教练员、运动员组合在一起，获得最好的训练效果，有不少项目可达到世界先进水平，甚至超过世锦赛冠军的成绩。全运会后，大多数项目的成绩出现大幅度回落，有的甚至下降得令人难以置信。

据统计，世界优秀运动员每年比赛的平均次数达到15次左右，其中相当多的运动员一年比赛次数超过20次。反观我国，高水平运动员每年参赛次数少得可怜，除少数运动员每年参加10次左右的比赛，绝大多数运动员平均每年只有5次左右。我国运动员要在紧张的环境中磨炼，才能得到全面锻炼与提高。通过这些比赛，运动员得到全方位的锻炼与提高，使自信心更强，斗志更旺盛，成绩稳步提高。目前，我国还有不少教练员和运动员对多参加比赛这个问题认识不够，认为比赛会影响到训练的系统性，进而影响比赛成绩。

国家培养出一名高水平的运动员代价不菲，运动员正值当打之年却突然退役了，给国家带来不小的损失。但中国也有大龄女子铁饼运动员成功的范例。

山西运动员黎秋梅，在第十届全运会中，31岁的她焕发青春，击败宋爱民等年轻好手，以64.89米的优异成绩夺得金牌。对策：转变教练员、运动员的思想观念。采取各种政策和措施，解除优秀运动员的后顾之忧，使他们全身心投入到训练中来，延长尖子运动员的运动生命，争取为国

铅球与铁饼

再立新功。如果能够延长尖子运动员的运动生命，中国女子铁饼的整体水平完全有可能再上一个新的台阶，赶超世界先进水平也就有了更坚实的基础。

  2013年9月，第十二届全运会田径比赛铁饼比赛中，四川选手谭建以64.11米获得金牌，黑龙江选手李艳凤以63.91米获得银牌，上海选手杨彦波获得铜牌。

chapter 9
铁饼的场地和规则

铁饼等投掷类运动，对场地、器材的要求比较高。场地、器材直接关系到练习者和周围人群的安全，所以练习之前要严格检查场地、器材是否符合安全标准，以免在运动中受伤或伤及他人。

铅球与铁饼

第1节 铁饼的器材

各项投掷运动所需器材各不相同,其规格和构造也有不同的要求。

铁饼的饼体可为实心或空心结构,应用木料或其他适宜的材料制成,周围镶以金属圈,金属圈边缘应呈圆形。外缘横断面应为标准圆形,半径约为 6mm。

铁饼两面中央可镶有与饼体齐平的圆片,也可不装金属圆片,但应相同部位呈平面,制造时不得带有凹陷、凸起或尖缘。从金属圈边缘弯曲处至饼心的边沿,铁饼表面应呈直线倾斜,饼心的半径为 25—28.5mm。铁饼的大小和总重量应符合规定。一般比赛用的铁饼的重量和直径会有明确的规定。

1. 成年男子组铁饼重量为 2kg,直径 22cm;

2. 少年男子甲组铁饼重量为 1.5kg,直径 20cm;

3. 女子和少年男子乙组铁饼重量为 1kg,直径 18.1cm。

比赛中,只许使用组委会提供的器材,不许改变。不允许运动员携带任何器材进入比赛场地。在所有其他比赛中,运动员可以使用自备器材,但在比赛前应经组委会批准,这些检查合格并做有标记的自备器材,所有运动员均可使用。

第2节 铁饼的装备

投掷运动属于爆发力强的运动，从事这类运动时，所穿服装和鞋必须能够使力量在瞬间爆发。

服装

投掷运动对服装没有太高的要求，不束缚身体活动即可，但是在参加各种比赛时一般应穿指定服装。

投掷鞋

从事投掷运动时，由于身体动作幅度较大，因此对鞋的要求较高。如果条件允许，应穿专门的投掷鞋。在雨天或投掷圈有积水时，鞋底较强的防滑性会更有利于动作的完成。

初学者穿着软底鞋会感觉到脚疼，随着投掷水平的提高，可以选择硬底的运动鞋。

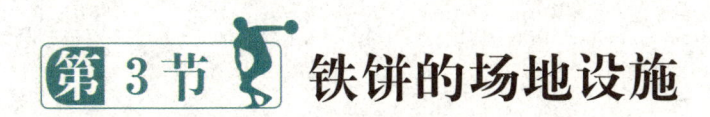

第3节 铁饼的场地设施

铁饼场地的设施由投掷圈、限制线、护笼和落地区组成，在落地区两角度线外侧每隔5米放置距离标志牌。护笼设在投掷圈外，其开口

铅球与铁饼

位于投掷圈圆心前方5米处。

铁饼圈

应用带形钢、铁或其他适宜材料制成投掷圈，铁饼运动是在投掷圈内通过旋转，用单手将铁饼掷出，铁饼的投掷圈直径为2.5米，外围是铁镶的边，有6mm厚，顶端涂白。

投掷圈顶端应与圈外地面齐平。圈内地面应用混凝土、沥青或其他坚硬而不滑的材料修建。圈内地面应保持水平，低于铁圈上沿14~26mm。

投掷圈的正前方放着一个木质的挡板，长约1.21~1.23米，用于防止运动员滑出圈外。运动员可以碰挡板的内侧，但不能碰挡板的顶端。或者投掷到圈以外的地面。

限制线

从投掷圈顶端两侧向外各有一条宽5cm、长至少75cm的白线，此线可以画出，也可用木料或其他适宜材料制成，白线后沿的延长线应通过投掷圈的圆心，与落地区中心线垂直。

护笼

护笼一般由钢管柱、梁和挡网组成，挡网用低碳钢丝或其他高抗张力钢丝、合成纤维绳索制成；钢丝网眼的最大尺寸为5cm，绳索网眼的最大尺寸为4cm，最小抗拉强度应为40kg，为保确保安全，至少应12个月检查挡网一次。

掷铁饼护笼俯视呈"U"形，用 6 块宽 31.17 米、高 4 米的挡网构成；铁饼必须从挡网或护笼内掷出，以确保观众、工作人员和运动员的安全。

护笼必须能够阻挡速度为 25m/s、重量为 2kg 的铁饼，保证铁饼既不向运动员反弹，也不会从网顶飞出；护笼的设计与结构应防止铁饼从护笼连接处、挡网或网下方冲出。

落地区

铁饼着陆区都是由煤渣、草坪或者其他能留下印记的物质构成的平坦区域。每一个扇区由 5cm 宽的白线分开，扇面角度是 34.92°（2003 年前为 40°）。落地区在投掷方向上的向下倾斜度不得超过 1∶1000。

注：可用以下方法精确设至 40°扇形落地区：在距投掷圈圆心 20 米处，两条落地区角度线相距 13.68 米，即每离开圆心 1 米，落地区角度线的横距增加 68.4cm。

可用醒目的旗帜或标志物标出每名运动员的最好试掷成绩，放置标志物时，应沿落地区角度线方向放在角度线外侧。

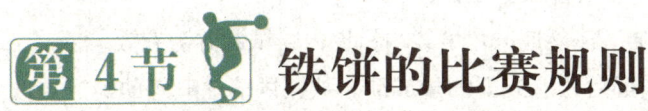

第 4 节 铁饼的比赛规则

1. 应抽签决定运动员的试掷顺序。

2. 运动员超过 8 人，应允许每人试掷三次，有效成绩最好的前 8 名运动员可再试掷三次，试掷顺序与前几次试掷后的排名相反。如果在第 3 次试掷结束后出现第 8 名成绩相等，按规则第 146 条第 3 款处理。当比赛人数只有 8 人或少于 8 人时，每人均可试掷六次。

3. 比赛开始前，运动员可在比赛场地练习试掷，练习时应按抽签排定的顺序进行，并始终处于裁判员的监督之下。

4. 一旦比赛开始，运动员不得持器械练习，无论持器械与否，均不得使用投掷圈或落地区以内地面练习试掷。

5. 应从投掷圈内掷出铁饼。运动员必须从静止姿势开始试掷。允许运动员触及铁圈内侧。

6.（1）不允许使用任何装置对投掷时的运动员进行任何帮助。例如使用带子将两个或更多的手指捆在一起。除开放性损伤需要包扎以外，不得在手上使用绷带或胶布。

（2）不许使用手套。

（3）为了能更好地持握器械，运动员可以使用某种物质，但仅限于双手。

（4）为防止脊柱受伤，运动员可系一条皮制或其他适宜材料制成的带子。

（5）不允许运动员向圈内或鞋底喷洒任何物质。

7. 运动员进入圈内开始试掷后，如果运动员身体的任何部位触及圈外地面或铁圈上沿，均为一次试掷失败。

8. 如果在试掷中违反上述规则，运动员可中止已开始的试掷，可将器械放在圈内或圈外，在遵循本条第11款的前提下，可以离开投掷圈，然后返回圈内从静止姿势重新开始试掷。

9. 铁饼必须完全落在落地区角度线内沿以内，试制方为有效。

10. 每次有效试掷后，应立即测量成绩。从铁饼落地痕迹的最近点取直线量至铁圈内沿，测量线应通过投掷圈圆心。

11. 运动员在器械落地后方可离开投掷圈。离开投掷圈时，首先触及的铁圈上沿或圈外地面必须完全在圈外摆线的后面，白线后沿的延长线应能通过投掷圈圆心。

12. 应将器械运回投掷圈，不许投回。

13. 应以每名运动员最好的一次试掷成绩，包括因第一名成绩相等而进行的决名次赛的试掷成绩，作为其最后的决定成绩。

chapter 10

掷铁饼技术战术

合理的铁饼投掷技术是伴随一系列身体运动的同步动作，很多动作同时进行。如果整体动作中有部分动作难以完成，那么就需要设计有针对性的练习加以解决。一旦解决，则应尽快将其融入整体动作之中。

第1节 掷铁饼的基本技术

掷铁饼的技术动作分为握法、预备姿势和预摆、旋转、最后用力和维持身体平衡四个技术环节。

握法

大多数优秀投掷运动员的铁饼握法为五指并拢，食指与中指离得很近（间距不超过1/8英寸），无名指与小指也离得很近，大约1/4至1/2英寸。大拇指与食指自然分开约1英寸。

手与铁饼的接触点是关键。手指紧紧扣住铁饼，稍过远端指关节，拇指外侧靠铁饼。若想铁饼飞行良好，需轻度或中度力量按压铁饼。仔细观察优秀投掷运动员的握饼手形为爪形。从拇指、食指、中指到小指和手掌肉，而非掌心或手的其他部位接触铁饼。

有经验的投掷运动员将手放在铁饼后端2/3处。以此方式手握铁饼并将铁饼掷出的出手动作可最大限度地将动能转移至铁饼，使其飞出完美的轨迹。好的飞行轨迹和动能转换来源于出手动作中作用力和移动控制的巧妙结合。

预备姿势

背对投掷方向，两脚左右开立约一肩半，站于圈内靠后沿处的投掷中线两侧。两脚平行开立或左脚稍后，持饼臂自然下垂于体侧，平视正前方。

投掷前的准备：如果投掷前设想自己将完成一次完美的投掷，将受益匪浅，尤其在比赛中。这个心理准备可以在进入投掷圈之前或刚进投掷圈时完成。一定要培养一个投掷前准备的良好习惯。投掷前的准备包括下列几点：

1. 放松地设想一下铁饼的飞行轨迹。
2. 小心进入投掷圈，注意脚的位置。
3. 有节奏地预摆。
4. 通过摆臂以带动身体的动作要领。

预摆

预摆是为了获得预先速度，为旋转创造有利条件。目前常见的预摆有两种。

左上右后摆饼法：开始时，持饼臂在体侧前后自然摆动，当铁饼摆到体后时，体重靠近右腿，接着以躯干带动持饼臂向左上方摆起，当铁饼摆到左上方时，左手在下托饼，体重靠近左腿，上体稍左转。回摆时，躯干带动持饼臂将铁饼摆到身体右后方，身体向右扭紧，体重处于右腿上，上体稍前倾，左臂自然微屈于胸前，平视，头随上体的转动而转动。

身体前后摆饼法：开始时，持饼臂在体侧前后自然摆动，当铁饼摆向体前左方时，手掌逐渐向上翻转，右肩稍前倾，体重靠近左腿。铁饼回摆到体后时，手掌逐渐翻转向下，体重由左向右移动，上体向右后方充分转动，使身体扭转拉紧。这种方法动作放松，幅度大。目前大多数优秀选手都采用这种预摆方式。

旋转

预摆结束后，弯屈的右腿蹬地，上体向左转动，同时左膝外展，体重由右脚向边屈边转的左腿移动。接着两腿积极转动，并以左脚前脚掌为轴向投掷方向转动，身体向投掷方向倾斜，投掷臂在身后放松牵引铁饼。当左膝、左肩和头即将转向投掷方向时，右膝自然弯曲，以大腿发力带动整个腿绕左腿向投掷方向转扣（右脚离地不能过高），这时左髋低于右髋，身体呈左侧单腿支撑旋转，接着以左脚蹬地的力量推动身体向投掷圈的中心移动，右腿、右髋继续转扣。当左脚蹬离地面，右腿带动右髋快速内转下压，左腿屈膝迅速向右腿靠拢，左肩内扣，上体收腹稍前倾。接着，左脚积极后摆，以脚掌的内侧着地，落在投掷圈中线左侧，圆圈前沿稍后的地方，身体处于最大限度的扭转拉紧状态，铁饼远远留在右后方，左臂自然微屈于胸前，为最后用力做好准备。

最后用力和维持身体平衡

最后用力阶段（左脚着地、投饼）是掷铁饼的最主要阶段，铁饼飞行的远度主要取决于这个阶段动作完成的质量。当左脚着地时，右脚继续蹬转，使右髋积极向投掷方向转动和前送。接着，头向投掷方向转动，左臂微屈于胸前，胸部开始向前挺出，体重逐渐移向左腿。当体重移向左腿时，右腿继续蹬伸用力，以爆发式的快速用力向前挺胸挥饼。与此同时，左腿迅速用力蹬伸，左肩制动，呈左侧支撑，使身体右侧迅速向前转动，将全身的力量集中在铁饼上，当铁饼挥至右肩同高并稍前时，用小指到食指依次用力拨饼出手，使铁饼顺时针方向转动向前飞行。

铁饼出手后，应及时交换两腿，身体顺惯性左转，同时降低身体重心，维持身体平衡。

铁饼的移动轨迹

移动轨迹用于描述铁饼从起始位置开始到出手的过程。20世纪早期，"波形"被用于修饰铁饼的移动过程，因为铁饼在投掷圈内从开始至出手进行了"波形"移动。这个"波形"理论如今仍然被广泛地接受。不过，人们尚不确定铁饼从开始至出手间"波形"移动的最佳高度。

如果铁饼位于投掷的反方向（12点钟方向），采用低位法。这个低位在投掷过程中出现两次，一次是移动开始阶段右脚蹬地之后，另一次出现在投掷圈中部进行投掷移动的中间阶段。

如果铁饼位于投掷方向上（6点钟方向），采用高位法。此高位在投掷过程中出现三次：第一次摆臂，第二次在投掷圈中部准备姿势开始时，第三次是铁饼出手时。摆臂阶段是否采用高位法可根据需要来定，高位法最容易被忽视，但最关键的部分是在投掷圈中部准备姿势的开始阶段。在此投掷中间阶段，用力将铁饼摆高可产生加速度，主要原因是铁饼从高位开始向下移动时，地球的引力帮助其提速。有关这部分的详情将在投掷出手动作部分加以介绍。

铁饼在投掷过程中的大多数高低变化其实是由于肩部的自然动作带动而形成的。不过，刻意地抬或降铁饼也是有益的，运动员需要学习并掌握最佳位置。

上半身和下半身的不同动作

在摆臂或其他投掷阶段中，身体和本体感觉对于获得良好的意识十分有益。在此，将本体感觉与上半身和下半身的不同动作联系在一起。下半身（臀部和双腿）为活跃、运动的整体，带动投掷者在投掷圈内旋转移动，而上半身（躯干、手臂、颈部和头部）则处于相对放松的状态，提起铁饼、向后拉、等待。在上半身等待（停滞或放慢旋转）并放松时（左臂使用恰当的话，对此动作十分有益），下半身则扭转，动员身体的肌肉、肌腱、韧带、筋膜及其他有弹性的组织，观察放松状态下扭转的上半身。接着，在几乎是最后时刻，用尽全力将扭转的身体展开，动能从抬起并转动的双腿，到臀部、躯干、肩部、手臂、手。这个过程被称为拉长（超越器械）。拉长是一种非凡的感觉。约70%—80%的投掷出手速度取决于这个抬起、展开并启动出手的动作。

掷铁饼最大动力效率

铁饼出手时，动能的转移和铁饼在空中的有效飞行十分关键。铁饼的外形赋予它一定的动力效率。正确的出手动作使铁饼的飞行动力效率高，飞出的距离远。一般情况下，最佳的铁饼出手动作，其飞行动力效率高，动能能够得到有效的转移，此类出手的铁饼外侧边缘通常向下倾斜5°—10°，向前飞行的边缘微微向上倾斜（2°—5°）。如果当时正好刮右侧风（从右侧90°方向吹来的风），那么出手时铁饼的外侧边缘保持水平，不要向下。

第2节 掷铁饼的换脚技术

在铁饼投掷过程中，术语"换脚"源于大多数投掷者使用侧臂悬摆时的自然动作。双脚的位置与投掷准备的位置相反。例如，右手持铁饼者投掷铁饼时，其左脚向前，右脚向后。投掷的剧烈运动（抬升并带动右臀、右肩、右臂投掷）通常导致右侧身体被带到前端，而左侧身体旋转至后端——如此产生了术语"换脚"，即双脚位置交换。

准备姿势

正确指导投掷圈内的投掷者完成两件事情：

1. 投掷圈内的时钟系统，6点钟是投掷方向。
2. 从12点钟位到6点钟位画直线，把投掷圈一分为二。

合理的准备姿势是背对投掷方向180°，双脚分开比肩宽。左脚可站在二分线上，也可站在稍偏左的11点钟方向。投掷的每个阶段都很重要，这里重点强调从开始到第一个单脚支撑结束阶段。双脚支撑指双脚落地，而单脚支撑顾名思义是指单脚落地。双脚分开比肩宽，这样做能保持身体平衡，并为可能的从右脚向左脚转移做准备，达到旋转加速的要求。这里的启动指身体重心做大范围移动（站立的宽度），以产生投掷圈内旋转的启动动力。

摆臂

完成这个动作的时候,注意放慢节奏,竭力保持上身的放松状态。摆臂时的身体重心在右脚上,屈膝。动作开始时要求身体保持平衡。保持低重心或将身体重心下降,以达到需要的平衡。右脚牢牢抓地,左脚自由旋转,左膝向内扣。左脚内侧脚掌或左脚脚趾贴住投掷圈边,因为右脚牢牢抓地,右侧大腿有扭的感觉。摆臂动作完成时,双腿微屈站立(约身体高度的80%—90%)。值得考虑的是:某些运动员在摆臂完成时形成扭的感觉,而这种感觉同准备姿势的身体扭转非常相似。

很多优秀投掷运动员只摆臂一次。初学者可能摆臂次数更多。选择适合自己的次数,不超过三次。在上半身向后转动时,向后上方带起铁饼,高度不超过肩部。向后摆动投掷手臂直至它与投掷方向呈垂直状。有些投掷者没有达到这个程度,还有些投掷者则过了。

第一个从双脚支撑到单脚支撑的阶段:

在完成摆臂并开始投掷时,将身体重心从右脚转至左脚。降低重心,左脚内侧脚掌着地,旋转直至脚尖指向7—8点钟方向。左臂相对呈直臂状,向左大幅悬摆。有些投掷者左臂伸直,有些则不是,但所有投掷者的左臂悬摆从2点或1点钟方向开始至6点与4点半钟之间,位于左侧大腿之上。左脚离开地面之前不要急于将左臂摆至左侧大腿前,当左臂到4:30的位置时停顿下来,协助放慢上半身的扭转,以获取投掷出手阶段所需的最大扭力。

多数初学者会从投掷圈后端开始,让双脚和上半身过度旋转。这种过度旋转造成左臂高高摆过左大腿位,指向投掷圈后端12点钟方向。教练员需要及时纠正,帮助初学者杜绝旋转后将左脚停在7点钟位置,同时也要杜绝从投掷圈后端旋转时左臂高摆过左大腿。

右腿相对提前提起(开始第一个单脚支撑阶段),低位或中低位绕左腿宽摆。右腿的正确动作在铁饼投掷中非常重要。只有在身体重心转移至左侧后,右腿才能提起。一些教练员提倡尽可能地拖延右腿的提起时间,而另一些教练员则认为要早提右腿。不管哪种流派,采用不同的右脚提起时间方法，其感觉完全不同。任何情况下，右腿的提起时间必须在身体重心转移至左侧之后。绕左膝，双膝打开，双腿大腿内侧肌肉得到拉伸。右腿提起时间早晚不同，只是影响大腿内侧肌肉拉伸的程度。如果投掷者拖延右腿提起时间至右肩超过右臀之后，那么右臀必须有提拉动作以获取投掷出手所需的扭力。这个提拉动作容易造成投掷时的肌肉痉挛，从背部用力向前。尽早提起右脚，从开始就保持右肩位于右臀稍后位置，这是个很好的选择。在绕左腿旋转移动至投掷圈内的过程中，上身躯干与臀部之间的扭转程度极小。

优秀的投掷者如何移动左腿以及如何进投掷圈，这是所有技术动作中最重要的步骤。下面是几点要领：

保持低重心（双腿弯曲）。

在低位或中等高度摆腿。

开始旋转离开投掷圈后端时，身体向9：30时钟方向（位于左后端）后坐或倾斜。

不要将身体重力线过快转向投掷方向；从双脚支撑到单脚支撑的开始阶段主要向左移动。

小幅度旋转，体会将身体重心向左转移的左侧移动感觉；接着，左脚尖指向7点钟方向，向左倾斜的同时绕左腿摆动右侧身体，旋转进入投掷圈。

左脚尖指向7点钟方向的同时，左腿成为身体的支柱。以此支柱为轴旋转身体，下半身自然地向投掷方向发生倾斜（肩保持水平），这种倾斜让身体的重心线位于左脚的前方（投掷方向）。

右腿在投掷圈内运动时呈弯曲状，移动时右腿保持低位，远离左膝，摆腿时动作幅度要大，转至10点钟位置。右侧摆动腿位于12点钟方向时，伸直；接着，向投掷方向旋转时，再次弯曲右侧大腿并稍稍提起。

稍稍提起大腿的动作有助于右腿进行跳跃，应在左腿带动身体向前、向上离开投掷圈后端之际完成。此外，如果右腿不在此投掷环节弯曲、提起，则身体倾斜可能导致踩上投掷圈。在投掷圈后端时，铁饼要低，位于右臀的后方。

左腿一直保持弯曲并旋转，直至身体正对投掷方向。此刻，左腿需要快速推，同时下半身倾斜以便有力地带动身体在投掷圈内微微跃起。

空中阶段

身体微微跃起，人完全处于空中。左腿快速驱动和下半身倾斜动作共同产生向投掷方向的线性力。这个技术中最关键的地方是如何将该线性力与摆动右腿产生的旋转力相结合并爆发出最大化的动能。在右脚落在投掷圈中部附近时，线性力如果过大，动作就会被卡住。出现这样的情况，则需要减少线性力或增加旋转力。我们更多地选择后者。很多初学者可能没有遇到过这种问题，但几乎所有的初学者都会遇到的情况是旋转过度，或者在投掷圈内旋转时产生的线性力不足。

投掷动作的开始形成动能：

投掷圈直径2.5米，作为投掷准备区域，投掷者需要在此产生最大动能或动力。下面列出一些动力发展的技术动作。

（1）身体重心从右腿转至左腿。

（2）抬起右腿前蹬地（最小力）。

（3）左腿（脚）有拉动作，在投掷开始时将身体拉向左侧。

（4）摆动左臂。

（5）身体倾斜，即将身体的重力线转移。人体的重心从重力线（从头到脚穿过人体的一条直线）偏移出支撑位（直立时双脚的外侧区域）。身体倾斜而产生运动，运动产生相当程度的动力。

（6）摆动右腿。同贴近左腿摆动右腿相比，宽摆右腿产生的动力要大。宽摆右腿是产生足够动力的重要环节。

（7）用左腿和左脚产生驱动力。

通过上述技术动作运动，产生的动能（动力）的大小取决于投掷者的体重、力量和技术水平。

从开始到高点的铁饼轨迹：

当左腿从第一个单腿支撑位置进入投掷圈时，持铁饼在右臂稍后的位置上，为低位。随着铁饼绕左腿至投掷方向时，它沿着一个斜坡升至投掷的高位（大概 7 点钟方向），该过程发生在右腿落地之时或之后（第二个单腿支撑）。左臂摆动，绕身体左侧形成一个大大的弧形，摆动至 4：30 方向时变慢或停住。躯干停住而下半身继续旋转，如此形成躯干与臀部的扭转。

右脚着地或第二个单脚支撑阶段

接下来涉及的技术，即空中阶段之后右脚着地，此时也称为第二个单脚支撑阶段。由于在投掷圈后端形成驱动力非常关键，而且平跳要比高跳更加有效，右脚触投掷圈，脚后跟对着 8—9 点钟方向。

在空中阶段开始时，启动扭转步骤。停住左臂和左肩，而下半身继续旋转，这个动作一直持续到右脚着地，躯干和臀部在空中阶段的扭转程度不断加大，最终获得投掷出手前的最大扭转度。这个动作通常持续到左脚落地前（第二个双脚支撑）。

上半身形成扭转过程中左臂的作用：在右脚落地前，以及右脚落地后以右脚为轴旋转的最初阶段。上半身需要停住，以便积蓄出手阶段所需的扭矩。如前所述，上半身必须保持放松，以获取类似扭转的拉伸。这一过程中，左臂是关键。横过胸前向身后伸以获取必要的拉伸。

右臂和右肩保持放松，尽量向身后高摆。铁饼此时达到最高点。绝大多数运动员在右脚落地瞬间达到身体的最大扭转度，此时正是第二次单脚支撑的开始。右脚脚掌旋转时身体保持该姿势。左脚落地前展开身体，进入发力投掷阶段。

这种单脚支撑发力投掷看起来容易使人产生困惑。通过对很多成功投掷者的录像进行大量细致的研究发现，展开扭转上身的时间早于左脚踏地的时间。但教练不应该这样教，不该让投掷者在左脚落地前开始展左臂。相反，一些教练让投掷者延迟投掷出手时间至左脚落地之后。这样刻意地延迟出手容易造成肌肉痉挛。右脚应从其落地的位置开始快速绕轴旋转至投掷方向，脚后跟则指向 4 点或 5 点钟的方向。

从第一个单脚支撑至准备姿势的左脚（左腿）动作：

左脚（左腿）从蹬踏位置开始后撤腿，直至投掷圈的前端。多数成功投掷者在左脚从投掷圈后端移动至前端的过程中尽力靠紧双膝，以便让左脚快速落地。

普遍认为腿弯曲度越大，其移动速度越快（如短跑运动员）。其实，如果在投掷圈内移动过程中保持身体和左脚低位（如2000年奥运会铁饼金牌得主维尔吉利尤斯·阿莱克纳），也许左腿就没必要尽力弯曲。当左脚掌在第二个双脚支撑中着地，左脚应与右脚的脚后跟在同一直线上。双脚均着地后铁饼再出手，此时铁饼已向左旋转约180°。

从第一个单脚支撑至第二个单脚支撑的铁饼轨迹：

铁饼在身体右后方呈斜线从上向下移动（非环形），高点至少达到头顶。随着身体的继续移动，上半身的旋转速度渐渐放慢，而下半身的旋转速度则尽可能快，直至身躯与大腿形成最大化的扭转，铁饼位于身后相对最高点，此时便进入投掷出手阶段。将铁饼送至此位置需要消耗一定的能量。这样做的好处是：

有效拉伸肩部和胸部肌肉；在投掷出手的最后阶段，从高点向低点摆动铁饼可获取所需的加速度。

投掷出手

当左腿落地时，双腿弯曲，铁饼在出手前已经向左旋转了180°。右臂完全伸展，左腿稍稍弯曲，右臂和左腿与投掷方向呈垂直状。抬起并旋转双腿，带动身体转动，向上，再向前。以身体右侧为轴旋转并向前移动身体时，抬起并锁住左腿。用力摆动左臂，屈臂控制身体左侧。这些动作基本能够控制住左侧身体并将旋转动能转移至右肩（右臂），从而最终转移至铁饼。右臂在通过拉伸肌肉和肌腱尽量延迟移动之后，最终由双肩带动摆臂。右手在控制铁饼角度和方位的同时获得投掷出手的最大动能。在铁饼飞出之时，右手稍稍加力，指引并控制铁饼平稳飞向空中。

投掷出手阶段的铁饼轨迹：铁饼向下摆动，随着身体转动形成一个大的圆形轨迹，在配合巨大动能抬升并向前摆动之前达到圆形轨迹的最低点。而巨大动能产生于扭转的上半身展开以及腿部和臀部肌肉的驱动、抬升。此时此刻达到投掷出手的最大动能。将手（手指）上的动能最大限度地转移至铁饼的中心，使之切入空中，形成最长的飞行距离，这是我们的目标。

换脚

投掷出手的动力结果是，身体在旋转的同时离开投掷圈的范围，尤其是抬起并移动的双腿。当右脚（右腿）从后向前移动并落地时，立即降低身体重心，保持身体平衡，停留在投掷圈内。这个支撑脚转换的动作被称为换脚。换脚不需要加力或练习，它是投掷出手阶段动力形成之后自然而成。换脚投掷者很少直接用右脚着地并支撑住身体。相反，他们通常会继续旋转身体，消耗掉剩余的能量，并在投掷圈内再次获得身体平衡。

第3节 掷铁饼的不换脚技术

前 民主德国男、女运动员都成功地使用了不换脚技术。男子投掷运动员如贾晋·斯格特和拉斯·雷德尔多年来一直从事铁饼运动。而维尔吉利尤斯·阿莱克纳使用换脚技术，并获得了2000年奥运会铁饼金牌。他成功地击败了拉斯·雷德尔。而女性投掷运动员伊尔克·维露达和玛蒂娜·海尔曼多次获得奥运会桂冠，并多次创造世界纪录和奥运会纪录。显而易见，使用不换脚技术的女性运动员要多于男性运动员。总之，两种技术均被男性和女性运动员成功地使用。

开始姿势

换脚技术与不换脚技术在开始姿势上没有区别。面向与投掷方向呈

180°的方向，双脚与肩同宽。双脚也可站在6—12点的直线上（双脚分开，与两端距离相等），或将左脚踏在该直线上。

第一个双脚支撑至第一个单脚支撑的阶段

换脚技术与不换脚技术的第一个显著差别出现在右脚离开投掷圈的第一个单脚支撑时。值得注意的是，在摆动旋转之后由移动转入投掷的开始阶段，身体重心转移至左脚，上半身旋转，双膝分开，收紧大腿内侧。右腿在延迟之后提起（延迟右腿提起的时间）。当右腿提离投掷圈时，或多或少向上摆，并在左侧身体继续向左旋转的过程中留在身后。旋转左侧身体，拉开与右腿的距离，以便尽量拉伸身体，延迟右腿动作。将右腿抬至与地面平行时弯曲右膝。当身体获得足够张力后，快速摆动右腿，像踢足球似的踢腿，并首次面向投掷方向。开始面向投掷方向（即位于4~3点钟的方向）时踢直右腿，然后在空中上抬、屈腿。

第二个单脚支撑过程中的空中阶段

落地前的空中阶段时，在空中旋转右脚。这个旋转动作让右腿在落地前形成扭转。而空中阶段上半身的扭转与换脚技术特点相似。无论是作为运动员还是教练，自己完成动作或观察学生完成动作，从摆腿到出手，动作的重点始终是右腿。

右腿带动其他动作。事实上其他动作都依赖右腿动作的完成。一旦右脚着地，右膝稍屈，便开始旋转。完成此动作时，身体重心落在右脚上，身体必须保持平衡。

投掷出手

当左脚落地时，用右脚掌旋转，使左脚后跟落在右脚前端的右侧。上半身与下半身形成最大扭转的时刻即右脚落地之时。

右膝内侧旋转加上被称为臀转的右脚旋转，带动了身体躯干、肩，最后是展开的手臂进行旋转、抡臂投掷。左脚稍早落地，右臂位于3点钟方向。右腿和右臀以左腿为轴旋转带动投掷出手，左腿则牢牢扣住投掷圈地面。旋转右肩至胸部对着投掷方向，继续旋转超过此点。此时，手臂的肌肉和肌腱充分拉伸，手臂向前摆，完成动作。在出手前、出手过程中以及出手之后，左脚始终应牢牢扣在投掷圈前端。右脚也应与地面接触，脚后跟抬起，脚趾轻触地面。

下面我们来回顾一下不换脚技术的主要特点：

（1）右腿抬起，当身体向左侧倾斜并向投掷方向旋转时，后抬右腿至与地面平行的位置。屈腿、拖带并悬摆右腿，为大腿肌肉做好拉伸的准备。

（2）从悬摆位开始向投掷圈中心用力蹬踢右腿，积蓄动能。

（3）蹬踢动作使右腿伸直，位于11—9点钟位置。

（4）从蹬踢开始至投掷出手，重点应放在带动投掷动作的右脚、右腿和右臀上。

（5）左脚牢牢扣住地面，铁饼飞出之前不要抬起。不换脚。

第4节 掷铁饼的掷饼练习

在学习如何投掷铁饼的过程中，需要反复强调将注意力集中在身体某个部位或某个节奏从而感受完成某个特定动作过程的重要性。下列练习中，虽然只是一个技术动作，但不同练习强调不同的要领。所有技术动作和节奏练习的最终目的都是将技术动作的各个步骤完美合一，形成一个高效、流畅、富有节奏并融为一体的完整动作。

原地掷饼练习

1.握饼摆饼练习

根据握法要求，握饼后做体侧前后摆动，幅度可由小到大，提高控制铁饼的能力。

2. 拨饼练习

将铁饼平放在左手掌，掌心向上，右手握住饼，掌心向下，由小指到食指依次用力拨饼，铁饼按顺时针方向转动。

3. 滚饼练习

两脚前后开立，左脚在前，握饼于体侧做前后摆动，继而出手，将铁饼平稳向前方地面滚去，体会控制铁饼出手及小指到食指的依次用力拨饼动作。

旋转掷铁饼练习：面对投掷方向，两脚前后开立，左脚在前，持饼或徒手做正面旋转投掷。

开始姿势

投掷圈内有一条12点至6点钟的直线。将左脚掌踩在线上或稍偏左的位置，而右脚向右落在比肩宽的位置。这里需要向初学者强调，最好借力左脚，将身体的重心落在左脚掌上。

投掷者进行一段时间练习之后，可将身体重心从左腿转移至右腿，然后再移回左腿。在转体中获取一定量的动能，尤其是完成最后投掷的转体。

关键动作练习：第一步

投掷铁饼最关键的阶段出现在右脚落地的开始转体阶段。反复练习，掌握这一关键动作的节奏和身体位置。将手臂尽力向后伸，至少与投掷方向垂直。此刻，约80%的身体重心落在右腿上。右脚尖指向2点钟方向，同时将左脚的大脚趾中部触投掷圈。开始打开身体时，将身体重心转移至左侧，用左脚掌落地，并以左脚掌为轴旋转。左臂绕左腿宽幅摆臂，由此开始打开身体的动作，并开始投掷。随着身体移动，抬起右脚，保持双膝分开，同开始站姿。右脚的抬起标志着关键动作的第一步已经结束。

143

关键动作练习：第二步

找到左脚与投掷方向呈垂直的位置。身体重心主要落在左脚上。而右脚踩地（只有少量的身体重心在右脚上，右脚仅仅是踩在地面）左脚为轴旋转时，屈左腿，从投掷圈后端开始宽幅摆左臂。左腿带动身体移动之前左臂放在侧大腿上方。

动作的关键是保持左腿（左脚）平衡，向左以左脚掌为轴进行旋转。尽快抬起右腿（前提是身体重心完全转移至左腿），以左腿为轴宽幅摆腿（投掷圈内），同时左脚继续旋转，脚尖指向7点钟方向。当脚尖指向7点钟时左脚必须停止转动。只有停止转动才能防止投掷开始时身体的过度旋转。当左脚开始进入投掷圈（宽幅向投掷方向跨越），屈膝并抬右腿，同时左腿带动身体离地，形成一个轻跳。

落地时应踩线，用右脚保持身体平衡。当右脚触地时，脚趾应位于3点钟和1点钟方向之间。在该练习中，右手持铁饼当然是很重要的部分。在投掷圈后端持饼时铁饼位置较低，一定要放在右大腿后方。当身体向投掷方向旋转时，右臂开始沿斜线上抬。升至7点钟方向的高点，保持这一高度至5点钟方向，然后沿斜线向下移动。

第5节 掷铁饼的其他练习

不换脚技术的练习

在此练习中，高抬右腿至大腿和小腿与地面平行，屈膝，以左腿为支撑向右侧踢直右腿。然后抬左腿和身体，向投掷圈中部移动。身体在空中时，向内转移右腿和右脚，准备落地。落地时，右脚尖位于11点钟和2点钟之间的方向，随即开始旋转。右腿落地时必须投掷，相比此种方法在投掷圈后端持饼的位置可能稍高（投掷的开始），但铁饼还是应该位于臀部的远后方。将铁饼提至 5 点钟方向的高点后再沿斜线将铁饼降低。下面是不换脚技术与换脚技术的主要区别：

1. 高抬右腿，屈膝（稍稍延迟）。
2. 面向投掷方向时，向右侧方向踢直右腿。
3. 落地前，在空中转动右腿（右脚）（内扣动作）。

投掷出手练习

掌握本练习的最佳方法就是静态练习，一步一步完成。在基本步骤掌握之后，再将其运用到动态练习中。

1. 站立，右腿弯曲，左脚踩在投掷圈中部，脚尖指向 11 点或 12 点钟方向。

2. 将左脚向后摆放，与右脚呈直线并指向投掷方向（即 6 点钟方向）。左脚只有脚趾点地。

3. 高抬持饼手臂，指向 5—6 点钟之间（高点）。

4. 左臂越过胸前，左手指向 5—6 点钟之间。这个位置与投掷出手时的位置接近。屈身，扭转身体，铁饼高抬。一般投掷时，左脚不会这么早落下。在本练习中，将左脚落下。

5. 开始展开身体并同时完成：以右脚为轴旋转；向外摆动左臂，使之远离躯干。

6. 当提起铁饼并将铁饼向投掷方向带动时，身体向前移动。左臂向投掷方向摆动并停留在身体左侧时，身体重心随之转移至身体左侧。动作开始时，铁饼应保持在高点，然后沿斜线至低点，最后再沿斜线向前上方投掷出手。本练习结束时，身体应尽可能向右侧或投掷方向展开，同时保持平衡。开始练习时放慢动作，将注意力集中在开始姿势上，然后再学习流畅地完成整个动作。

| 铅球与铁饼

铁饼由低点到高点的练习

本练习的设计目的是掌握铁饼由低点到高点的正确移动轨迹。轨迹呈斜线，非环形移动。在投掷圈后端站立，左脚与投掷方向呈垂直状，右脚站在投掷圈外，脚尖指向1点钟方向。右臀后侧持饼。屈左腿，以左脚为轴旋转。此时，在低点处摆铁饼，然后沿斜线向上，这是一个直线轨迹，从11点钟方向至7点钟方向（在5点钟方向时停留在高点），此为投掷中铁饼的高点。

南非练习更新版

本练习几乎是一个完整的投掷。通常我们在空地，而非投掷圈内完成。当然，在投掷圈内也可进行。

右脚与投掷方向呈垂直站立。将铁饼在身体右侧轻轻地前后摆动。身体配合铁饼摆动，铁饼向前摆，然后向后摆，接着抬左腿，同右腿一起向前带动身体。铁饼从后下摆动，绕着身体向上。放下左腿，同时带动铁饼逆时针方向向前转，抬起右腿，以左侧身体为轴宽幅摆动，同时起跳，向前提起左脚，带动身体向投掷方向移动。此时铁饼处于高点。右脚着地，脚尖指向1~12点钟之间，身体保持平衡。铁饼应在身后高点，而左臂则短暂地绕过前胸。左脚与右脚站呈一条直线，左脚脚趾直对着右脚的脚后跟。开始展开身体，宽幅摆动左臂，远离身体躯干，同时以右脚为轴旋转。投掷出手时应该干脆利落，与前面的动作自然衔接。以合适的角度和高度将铁饼投掷出手。本练习结束时，身体向右侧或投掷方向尽量展开，而身体保持平衡。

完成本练习过程中，需要强调以下几点：

1.身体带动铁饼投掷，投掷采用线性运动。

2. 铁饼摆高（但不要过高）。
3. 合理的节奏。
4. 以合适的角度和高度投掷出手。

采用换脚技术的投掷者以换脚结束动作，而使用不换脚技术的投掷者则努力旋转身体右侧，锁住身体左侧，不换脚结束动作。

原地投掷练习

本练习强调以下几点：控制铁饼出手（角度和高度）；以最大半径向后宽幅展开；铁饼飞向空中时好的飞行角度和出手。原地投掷练习时，使用换脚技术和不换脚技术。

1.原地正面投掷铁饼

两脚左右开立约一肩半宽，做左上右后或身体前后摆饼，幅度要逐渐加大，最后一次要摆至身体后最大限度的部位，两腿微屈。回摆至体侧约与肩同高时，两腿蹬地将铁饼掷出。

2.原地侧向掷铁饼

身体左侧对投掷方向，两脚左右开立约一肩半宽，左脚略向后。当铁饼摆至体后最大限度部位时，上体略前俯扭转右腿弯曲并负担体重，左臂自然微屈于胸前，然后按技术要领将铁饼掷出。

3.原地背向撤步掷铁饼

背对投掷方向，两脚左右开立，摆铁饼的最后一次摆至体后最大限度的同时，以右脚前掌为轴左腿后撤，左脚以侧于右脚延长线的左面着地，脚尖斜对投掷方向。上体微前俯扭紧，右腿弯曲并负担体重，然后按技术要领将铁饼掷出。

重复铁饼投掷的轴旋转练习

在低摩擦系数的地面练习轴旋转会比较轻松。连续完成五个投掷的轴旋转动作，注意身体平衡和脚旋转。从开始动作进行双脚轴旋转练习（左脚和投掷方向的右脚）。

本练习的重点是轴旋转，非铁饼轨迹或铁饼自身。学习使用双脚进行轴旋转：以左脚为轴旋转，向前迈一步，然后用右脚为轴旋转。停下来，然后重复四次上述动作。稍作休息，再重复五次。

在本练习中，迈步要小，左脚，接着右脚，重点放在轴旋转。

1.徒手和持铁饼转体180°掷铁饼

身体右侧对投掷方向，两脚分立于直线上，铁饼摆到体后最大限度时，右腿弯曲以右脚前脚掌为轴呈单脚支撑的旋转，左腿围绕右腿向后摆插，左脚于直线的左侧着地，然后按动作要领将铁饼掷出。

2.徒手和持铁饼侧向旋转掷铁饼

身体左侧对投掷方向，两脚左右分立约一肩半宽，预摆后按动作要领旋转把铁饼掷出。

3.徒手和持饼背向旋转掷铁饼

背向站立于投掷圈后缘处，两脚左右分开约一肩半，预摆后按动作要领旋转把铁饼掷出。

chapter 11

掷铁饼的练习方法

在一次投掷中，头脑中回想多个感受或动作要领非常困难。下列练习中，虽然只是一个技术动作，但不同练习强调不同的要领。所有技术动作和节奏练习的最终目的都是将技术动作的各个步骤完美合一，形成一个高效、流畅、富有节奏并融为一体的完整动作。

第1节 掷铁饼基础技术训练

技术训练原则

1. 技术训练优先。在一个训练单元中，应先进行技术训练，然后再进行其他内容的训练。在运动员精力充沛时练习技术，会取得比较好的技术练习效果。

2. 适宜兴奋性。运动员兴奋性过高或过低时，不宜进行新技术学习或改进技术，否则不会取得好的效果。

3. 追求正确率。在技术训练中，错误动作每多出现一次，错误动作就会被强化一次，一旦错误动作被巩固，改正它要比学习新技术难得多。

4. 长期性原则。不断地投掷，才能不断强化已掌握的技术动作、防止投掷技能的慢慢消退。

学习地上滚饼

两脚前后并立，左脚在前，两腿微屈，上体稍前倾，右手持铁饼自后向前摆动使铁饼在地上沿直线向前滚动，注意手臂伸直，手指手腕快速发力。

目的：体会如何拨指，使铁饼按顺时针方向旋转。

学习空中拨饼

左脚在前，两脚前后开立，微屈，直臂，由下向前上方空中拨饼，着地后继续向前滚动。

目的：更进一步体会投掷时拨饼的感觉。

学习最后用力

在地上画一条投掷中线，两脚开立比肩稍宽，右脚踩在线上，左脚稍在线的左侧，左手在胸前托饼，右手平贴在饼面上，双脚为轴，直臂前后摆动，然后快速向前蹬转送髋，随着腿的蹬直，将铁饼掷出。

目的：体会最后用力出手。

学习原地转蹬送髋

与上一练习相同，只是躯干向后旋转时，左脚提起，当躯干转向前，准备将铁饼投出时，左脚着地。

目的：体会两脚到达圆圈中心，准备投掷的动作。

学习旋转与最后用力结合

左脚在前站立，然后向投掷方向迈一大步，右脚落地，与此同时，做一个旋转，使之在投掷出手位置着地。

目的：体会旋转与最后用力的结合。

学习旋转整体动作

背对投掷方向，将铁饼向后摆动，然后重心左移，左脚弯屈，左膝外旋，左髋、左肩与左膝一致并向左倾斜，头向左转，以左脚前脚掌为圆心，右肩右臂为最大半径，右髋先于右肩围绕左侧轴旋转。

目的：掌握初始的旋转动作。

第 2 节　掷铁饼各环节基本要点

在抓好完整技术的基础上，旋转是基础，最后用力是关键，速度节奏是核心，动作速度是灵魂。

抓旋转阶段的技术要点

1. 双支撑起转阶段

（1）重心移动应随旋转而移；

（2）右脚不能过早蹬离地面，要充分保留肩与骨盆间的扭紧状态以及骨盆与两腿双支撑的反作用力，直到拧髋发力和左肩转至投掷方向右侧时，右脚及时蹬离地面形成左腿单支撑旋转。

2. 腾空阶段

（1）尽量缩短腾空时间；

（2）左腿积极向右腿靠拢，减少下肢转动半径，加快转动角速度，为加大超越和右腿形成单支撑用力阶段时不停顿地转动，以及左腿快速后摆落地创造条件。

3. 右腿单支撑用力阶段

（1）身体重心落在弯曲的右腿上；

（2）右脚着地不停顿地转动；

（3）左脚积极落地，尽量缩短单支撑用力阶段的时间，加速完成双支撑用力阶段；

（4）它是衔接旋转和最后用力的纽带环节，躯干直而舒展，平视，形成良好的超越和最后用力的有利姿势。

抓最后用力阶段技术要点

1. 在旋转的基础上给器械以加速，并以最大速度和适宜的投掷角度把器械掷出；

2. 身体重心由右腿推向左腿，充分发挥下肢力量和躯干的转动力量；

3. 右腿的积极转动和积极转蹬到位，右髋积极前送迅速转动躯干，以胸带臂爆发式用力挥饼；

4. 左腿在用力过程中，起积极制动支撑转动用力的作用；

5. 充分利用空气的升力，控制好出手角和姿态角，增加饼的平稳度和飞行远度。

抓旋转速度节奏

技术越复杂，节奏要求越高。因此，铁饼的旋转速度和节奏必须紧密结合起来，它对成绩的影响极大。重视节奏而忽视旋转速度，或有一定的旋转速度但节奏不明显，仍然达不到最大出手速度，二者必须存在于整体技术中，缺一不可，只有这样，才能做到由慢到快，逐渐加速到最大。在训练中发现，开始想加快旋转，结果破坏了节奏，显然最后达不到加速，而后又想慢一点旋转能用上力量，结果整体节奏慢了，旋转速度大大下降，顾此失彼，只有把二者结合起来，采用小旋转或支撑小旋转投，开始先用轻器械投，如1—1.5kg的铁饼，做完整技术训练也多采用轻器械。

抓动作速度

1. 一般性动作速度训练方法

快速小步跑、高抬腿跑、原地摆臂、起跑、反应跑、跨栏跑的专门练习，反弹跳、转髋跑、360°转体跳、徒手左右转体快速反弹回来及各种轻器械的组合抛掷等。

2. 专项动作速度训练方法

直线上的快节奏向左向右的旋转或同一方向的连续旋转；反弹跳一返回时即呈用力的预备姿势，也可连续多次。小旋转和支撑小旋转要求基本上和旋转一样。最后用力姿势快投用轻器械或略重一点的。徒手或持树枝原地打树叶，或用胶皮管打树干或墙角。抓旋转速度、节奏与抓动作速度结合起来效果更好。

技术训练方法

1. 完整技术的各种器械的投掷，开始用轻的器械投，如1~1.5kg，适当结合2kg的铁饼投掷。3年后可用2.5kg的铁饼投掷，一般以原地投为主，强调支撑投掷，充分发挥下肢和躯干的力量；

2. 支撑旋转投作为辅助练习，着重动作速度和节奏；

3. 正面跨步旋转投；

4. 为了强化某一环节技术，有时穿插一些基本技术训练，并与完整技术紧密结合起来，如单轴旋转、单支撑用力腿的积极转蹬、转体90°投等；

5. 最后用力姿势的各种投掷：

(1) 原地支撑投各种器械，强调右腿转蹬快；

(2) 原地投各种器械；

(3) 转髋90°投轻或重的各种器械；

(4) 原地快投，支撑或跳投，强调自上而下地快速投各种器械。

第3节 掷铁饼力量训练

基础力量训练

根据铁饼技术的特点需要，除进行抓举、下蹲（包括半蹲）、翻铃（包括屈肘翻铃）、卧推、半蹲跳和快挺及适当的联合器械的有关练习等全面协调发展外，还应优先发展下肢和躯干力量，包括躯干转动肌群的力量和速度。如负重半蹲转体、负重侧屈、硬举、持片左右转体摆或侧平前后抛掷等，其目的至提高控制能力和掌握技术，为进入专门训练打好基础。

最大力量能力的训练

1.优先发展下肢和躯干力量

由于掷铁饼技术是在半蹲状态下完成整个动作，需要很强的腿部和躯干力量，包括髋关节、膝关节、踝关节、趾底肌的力量。腿部和躯干是铁饼运动爆发力集中的地方。因此，发展和提高肌群力量和速度至关重要。练习手段有负杠铃半蹲、站立或坐姿转体、双手持片半蹲左右摆或持杠铃一端左右转体摆、硬举、杠铃片左右侧平前后抛掷、蹬腿、半蹲或半蹲跳、弓步跳及持各种器械旋转。

2.发展肩带肌群的力量和速度

它是投掷铁饼的主导肌群,初期不能过早发展,当技术达到一定水平并较稳定时,逐渐提高该肌群力量。如侧上举、立平扩、卧扩、头挺、上拉举、引体向上、卧举和抓举等,并结合左右手斜上抛轻、重器械,徒手打树叶,持胶管打树干等,提高肩带肌的专门能力和速度。

3.提高平衡器官的功能

提高平衡器官的功能是掌握好技术的关键因素之一。开始阶段应注意狠抓平衡机能和前庭分析器、平衡功能和空间定向相联系的一些练习,如各种转体跳、燕式平衡向左右转、跨栏的专门练习、基本技术各环节的专门练习以及一些特定的体操、垫上等练习。

第4节 铁饼的专项力量训练

一、发展专项力量的意义

专项力量是指直接参与完成专项技术动作的特定肌肉群和心理调控机制协同工作所产生的克服阻力的力量。所选用的专项力量练习手段只有接近或符合专项训练和比赛动作要求时,才能取得理想的效果。即选用专项力量训练手段必须考虑这些手段所表现的动作的幅度、肌肉收缩的速度、肌肉用力的持续时间和肌肉收缩的形式等。

掷铁饼是一个完整的连贯加速的动作过程,既有平动,又有转动,既有旋转轴的交替,又有旋转半径大小的变化。在运动中,专项力量为人体器械系统提供了最为直接的动力来源。

发展专项力量训练应注意的事项

1. 必须符合专项技术的动作要求

正确的掷铁饼技术，具有起转平稳、动作舒展、重心起伏小、腾空低、各技术环节转换合理、衔接紧密、加速节奏好、最后用力力矩长、出手速度快等特点。必须考虑在时间、空间上对强化动作用力路线、方向、幅度、强度、神经—肌肉控制程度、动作节奏、速度、肌肉用力顺序等进行严格训练。

2. 有利促进专项技术的掌握

根据个体技术的不同表现和特点，安排专项力量训练手段，促进专项技术的掌握。当运动员的技术较巩固稳定时，可安排各种以不同节奏投掷多种重量器械的练习，以发展技术控制能力，当技术还在泛化阶段（技术紊乱）时，尽量安排各种完整技术练习，投掷固定重量器械，以便稳定技术。

3. 时刻注意运动员的身体变化

专项力量训练要根据运动员身体的具体情况安排内容。状态良好，可安排增加阻力的各种专项力量练习发展专项能力；状态欠佳，则尽量安排无附加阻力的接近完整技术动作要求的专项力量练习，以保持专项能力水平。

4. 减少和避免伤害事故的发生

铁饼运动员的损伤主要是劳损性和创伤性两类。因此，除积极制定和采取各种严密的安全措施外，还应特别重视准备活动、身体素质的提高、运动技术的优化、医务监督的加强等。

发展专项力量训练的方法和手段

1. 链球式左右摆动；
2. 双手持杠铃片平卧做直臂扩胸；

3. 坐或半蹲肩负杠铃转体；

4. 双脚固定在鞍马或跳箱上，右手持杠铃片后仰向右转体至最大限度，接着利用肌肉的弹性回转并挥臂；

5. 双手持杠铃片半蹲，正面或侧面站立，左右侧平前抛；

6. 投掷臂持杠铃片，两腿前后开立，做体前体后挥片；

7. 双手抛掷杠铃片，双手持杠铃片，两脚自然开立约一肩半宽，体重移至右腿，右腿右髋转蹬发力，将杠铃片向投掷方向抛出；

8. 原地拉胶带，左前右后两脚开立约一肩半宽，右手握住固定的胶带另一端，以胸带臂拉引胶带，模仿"鞭打"动作；

9. 扶肋木转髋，侧对肋木站立，左前右后两脚开立与肩同宽，右手扶住肋木，右腿以大腿带髋向投掷方向摆动；

10. 轻杠铃抡摆，两脚左右开立稍宽于肩，上体正直，双手持杠铃于体前做向左、向右后方转体摆动。

第5节 利用气体力学提高成绩

铁饼在空中飞行与气流大致有三种情况：

1. 铁饼与迎面来的气流平行或接近平行，阻力虽然最小，但升力也不大。

2. 铁饼与迎面来的气流垂直，阻力较大，升力极小。

3. 铁饼与迎面来的气流呈适当的角度（最佳迎角），阻力较小，升力较大。

当气流一定时，升力与阻力的大小就取决于铁饼的定向。因此，在无风、顺风、逆风的各种情况下，需要在最大的升力和最小的阻力这两个相互对立的要求之间找出最合理的出手角度，才不至于让铁饼飞行受到气体力学特性影响而降低成绩。

无风情况下，掷铁饼的出手合理角度应是30°—35°。在这种角度出手的器械就能保证与迎面来的气流呈适当的角度，由于器械适度倾斜，作用在器械上表面的气流稀疏，流速加快，压力减小，而作用在器械下表面的气流稠密，流速减慢，压力增大。因器械上下压力不同，下面大，上面小，使合压力指向上方，于是铁饼被浮举起来，使得在空中滑翔时间加长，从而增加投掷距离。

　　顺风情况下铁饼出手角度应该大些，大多少与风速有关。除此之外，还要相应加大器械的倾斜角度（出手瞬间铁饼中心平面与水平面之间的角），才能取得好成绩。这是因为，在顺风情况下，吹到器械表面的风力会产生两个分力，一个分力是沿水平方向向前起动力作用，另一个分力是垂直向下的，迫使器械飞行的高度降低，角度减小，飞行的时间缩短，减少投掷距离。

　　逆风情况下掷铁饼合理的出手角度应该小些，小多少也与风速有关。同时，还要相应减小器械的倾斜角（出手时倾斜角略小于出手角是有利的，不过出手时做到两角相吻合也就能取得好成绩），才能较大幅度地提高运动成绩。这是由于在逆风情况下，吹到器械表面的风力会产生两个分力，一个分力是沿水平方向向后与器械的飞行方向相反，起阻力作用，另一个分力是沿垂直方向向上起升力作用，"托住"空中飞行的器械向上，延长器械空中飞行的时间，增加投掷距离。

　　此外，与器械飞行的气体力学特性密切有关的还有，掷出的铁饼作用力要能通过铁饼的几何重心对准边缘用力拨动铁饼，加强铁饼的自转，而产生陀螺仪的效果，能使飞行中的铁饼保持稳定，并使升力和阻力保持一定的比例，有利于克服风压。如果掷出的铁饼不转动，飞行就不平稳，摇摆，大大影响成绩。

第6节 掷铁饼易犯错误

1. 握饼紧张

纠正方法：手指不要靠得太近，要自然分开。

2. 摆饼时手臂紧张，没有向右后方摆动

纠正方法：手臂和肩放松，向右后方摆饼拉紧躯干。

3. 摆饼幅度小，持饼臂弯曲

纠正方法：摆臂放松伸直，向右后方摆动的同时，向右转肩，重心向右移动。

4. 摆臂时，腿部肌肉蹬转不积极

纠正方法：摆饼时要屈伸膝关节和髋关节，同时，身体重心随着摆饼方向移向右腿。

5. 进入旋转时，上体过早抬起

纠正方法：在进入旋转时，左脚掌以内侧为轴转动，充分使左脚、左膝转向投掷方向，并使下肢超越上肢。

6. 进入旋转时，肩带和持饼臂过早地转动

纠正方法：肩负木棒做全程技术模仿练习

7. 旋转时跳跃过高

纠正方法：进入旋转时，左脚向前方蹬地而不要向上方蹬地，使左脚向前贴近地面蹬地腾空。

8. 最后用力单脚支撑阶段过早地将头转向投掷方向

纠正方法：头随上体的转动向后、向左而转动，同时视线平行投向前方。

chapter 12

掷铁饼的赛事和裁判

铁饼是田径运动中技术性较强的项目，其历史源远流长。根据文献记载，古希腊在公元前12世纪至公元前8世纪，已经有投掷石片的体育活动，在远古时期，古人类为了获得生活原料，常用石块去投掷飞禽走兽；在采集高大植物的果子时，也常用石块投掷，打击树枝，使果子掉下树来，便于采集，这可能就是铁饼运动的最早渊源。

第1节 铁饼比赛裁判的编制

1. 主裁判1人。
2. 裁判员5人：内场裁判员1人、落点主裁判1人、落点裁判员3人（2人协助判定落点、1人负责放置丈量反射标记）。
3. 记录员2人。
4. 管理裁判员2人。
5. 计时员1人。
6. 丈量员2人。
7. 服务员4人。

中小型运动会

内场：主裁判1人、内场成绩测量员1人、记录员1人。

外场：主裁判1人、成绩测量员1人、服务员1人。

第2节 铁饼比赛主裁判的职责

1. 执行有关条款、重点注意有关铁饼、链球比赛的各项规定。
2. 领导本组成员完成工作。
3. 规定旗示，记录符号，提出所需要器材、用具清单。

4. 检查场地、器材和仪器设备。
5. 掌握比赛，控制比赛进程，处理问题。
6. 接收运动员，并向他们提出要求。
7. 检查成绩并签字。
8. 监察内场裁判员的判决工作。
9. 听取技术官员，及时改进工作。

第3节　铁饼比赛裁判员职责

内场裁判员

掌握比赛时间，控制比赛进程。

同主裁判协作，判定试掷是否成功，并以旗示表明。

铁饼、链球在圈内从静止开始，允许运动员触及铁圈内侧。掷链球时：

第一，在预摆和旋转前的开始姿势中，运动员可将球体放在圈内或圈外地面。第二，如果球体触及圈内或圈外地面或铁圈上沿不判犯规。运动员可以停止试掷以便重新开始投掷。运动员未违反投掷的有关规则可中止已开始的试掷，将器械放在投掷圈、助跑道内或外边，也可离开投掷圈或助跑道。但必须遵守离开投掷圈的规定。

规则中规定：

如果运动员在试掷中出现下列情况，判为投掷失败：

1. 推铅球或掷标枪出手姿势不符合规定。

2. 在进入投掷圈内并开始投掷之后，身体的任何部分触及铁圈上沿或圈外地面。

3. 推铅球时，身体的任何部分触及抵趾板除内侧的任何部分。

4. 掷标枪时，身体的任何部分触及助跑道标志线或线外地面。

注：运动员在器械落地后方可离开投掷圈或助跑道。在圈内完成试掷，离开投掷圈时，首先触及的铁圈上沿或圈外地面要完全在圈外白线的后面。该线后沿在理论上能通过投掷圈圆心。

落点主裁判的职责

1. 管理落点裁判员。

2. 负责判定铁饼或链球的落点，并以旗示表明。

3. 指挥服务员，将铁饼或链球送回内场。

第一次触地面时，触及落地区角度线或落在落地区角度线以外，将判为失败。

落点裁判员的职责

1. 判定铁饼或链球是否完全落在角度线内沿以内和确切的落点位置。

2. 在分工负责各自落地区的基础上，2人协助落点主裁判判定铁饼或链球的落点，1人负责放置丈量反射标记插旗。

有关旗示的问题：

1. 当内场裁判员将平举的红旗放下，退出投掷区，时限员开始启动计时器，运动员进入投掷区开始试掷。运动员试掷结束，内场裁判员立即走进投掷区，面向外场，将旗直臂上举，以示试掷是否有效。器械落地后，落点裁判员判定是否有效，有效不举旗。外场裁判员面向内场插好旗或拉钢尺进行成绩丈量。落点无效，上举红旗3秒，以示落点试掷失败。

2. 内场裁判员红旗平举，表示禁止试掷。撤掉红旗，表示准许试掷，时限开始。上举白旗，表示试掷成功。红旗表示失败。外场落点裁判员使用一面红旗。试掷有效不举旗，试掷失败举红旗。器械出界，上举红旗，然后指向出界方向。

3. 内外场旗示的配合，内场试掷犯规，由内场裁判员举红旗，外场落点裁判员不举旗。外场落点无效或器械出界，由外场落点裁判员举红旗，内场裁判员不举旗。如遇内外场试掷都犯规，内外场裁判员都举红旗。

记录员的职责

主记录员的职责：

1. 核实运动员的试掷顺序。

2. 记录、复读运动员的试掷成绩。

3. 和管理裁判到赛前控制中心对运动员进行检录。

检查记录员的职责：

1. 监察主记录员的记录结果是否准确。

2. 独立记录运动员的试掷成绩。

记录符号：

成绩相等：如成绩相等，应以其次优成绩判定名次。如次优相等，则以第三优成绩判定。以此类推。

计时员

当试掷时限剩下 15 秒时持续举黄旗向主裁判示意。

丈量员的职责

记录测量距离最小单位

测量从球体落地痕迹的最近点取直线量至投掷圈内沿，测量线应通过投掷圈圆心。测量距离最小单位为 0.01 米。

管理裁判员的职责

1. 检录工作

检查运动员的服装、号码前后佩戴，运动员不得拥有录像机、录音机、移动电话及无线通信设备。并检查手上是否有绷带，应始终保证两个或更多的手指不能捆在一起。链球运动员的手套，除拇指其他手指尖应露出，手掌和手背部须光滑。

2. 陪同临时请假的运动员离开比赛场地，并将运动员带回继续比赛。

3. 护送比赛结束的运动员到赛后控制中心。

第 4 节　裁判员在比赛中工作

入场与检录

在每一个比赛单元，全组裁判应按大会规定的时间（通常在比赛前1个小时）和路线准时整队入场，入场后认真检查比赛场地和器材，提前领取田赛远度项目成绩记录表。根据竞赛规程规定的检录时间（通常在比赛前30—40分钟），指派该裁判组的记录员和管理裁判到赛前控制中心对运动员进行检录。检录时对运动员的服装、号码和所携带的物品是否符合规则进行检查，并注意运动员的手上是否缠有绷带。

组织赛前练习

检录完毕，将运动员整队，按事先确定的路线带至比赛场地。到达比赛场地后，由主裁判向运动员宣布比赛的要求和注意事项，然后组织运动员按比赛顺序进行练习。运动员进行练习时，必须处于裁判员的监督下。在比赛前2—3分钟停止一切练习，整理比赛场地和器材，所有裁判人员应做好准备，以便开始比赛。

准时开始比赛

按规定时间准时开始比赛。比赛开始前，主裁判站在投掷圈中央，举旗向场地内外的有关裁判员示意，当确认一切准备就绪时，主裁判退至投掷护笼外的适当地点，并由记录员宣布比赛开始。此时，记录员宣布开始试掷运动员的号码、姓名和轮次，并从这一瞬间开启计时器或秒表，以计算运动员试掷的时限。

裁判员的站位

运动员试掷时，主裁判和助理裁判员应呈对角线的位置分别站在投掷护笼外的左前方和后方，观察运动员在试掷时是否有犯规现象。

裁判旗示

运动员试掷完毕退出投掷圈后，内场主裁判方可举旗示意运动员的试掷是否有效。

判定落点

运动员试掷时，外场裁判员应密切注视铁饼或链球球体的着地点是否完全落在落地区标志线内沿以内。落点裁判员应在运动员的铁饼或链球出手后迅速移动自己的位置，在器械落地后尽快赶到落地点，以便尽快找到准确的落地位置。当器械落地出现犯规时，外场主裁判应立即上举红旗示意。

成绩测量

当主裁判宣布试掷有效时，内、外场成绩测量员应立即进行成绩测量。测量成绩时，外场测量员应将钢尺的"0"点对准铁饼或链球球体落地痕迹的最近点，内场测量员应将钢尺拉直，并通过投掷圈的圆心。主裁判进行成绩判读时，助理裁判员应在一旁确认，以免判读有误。

成绩记录

当主裁判宣布运动员的试掷成绩时，记录员应大声复述一遍，以保证成绩记录准确无误。在比赛中如果设有检查记录员或计时员，应对记录员的记录进行监看，以免发生记录错误。完成成绩测量和记录后，主裁判退至原来位置，记录员宣布下一个运动员开始进行试掷。

比赛的重新排序

前三次试掷结束后，应对运动员的成绩排名，第4、5次的试掷顺序，应与前三次试掷的排名相反。最后一轮的试掷顺序应与前五次试掷后的排名相反。如果出现成绩相等，试掷的顺序将按运动员前三次的抽签顺序进行试掷。

打破纪录

在比赛中如有运动员打破纪录时，应暂停比赛，保留器械的落地痕迹和破纪录使用的器械，并立即通知有关裁判长到场审核成绩。

赛场要求

在比赛中，有关裁判员应注意运动员的言行，不允许运动员进行练习，也不允许运动员离开比赛现场或与场外人员交谈。

兼项和请假

运动员有兼项比赛，主裁判每次可允许运动员在每轮次试掷中，以不同于赛前抽签排定的顺序进行试掷。如果运动员错过比赛的试掷，则不应给予其补试机会，判其该次试掷失败。

第 5 节　裁判工作重点难点

1. 进入旋转地开始阶段，运动员的脚在摆动或旋转时易触及铁圈上沿。在投掷铁饼出手阶段，运动员在换腿时，其脚也容易触及铁圈上沿。进行裁判工作时，裁判员应采取合适的位置和观察角度，仔细观察运动员两脚的动作，必要时，坐在小凳上从较低的角度进行观察。

2. 运动员完成试掷退出圈外时，首先触及的铁圈上沿或圈外地面必须完全在圈外白线的后面。

3. 在比赛中，当裁判员判定某运动员试掷失败时，如果该运动员立即提出口头抗议，主裁判可下令测量并保留该次试掷的成绩，然后报告田赛裁判长处理。

4. 在铁饼比赛时，外场落点裁判员应根据铁饼飞行方向，及时移动自己的位置，铁饼落地后尽快赶到落地位置，以免将该次铁饼的落地痕迹与旧的痕迹相混淆。

5. 在链球比赛时，外场落点裁判员的位置不应离链球过近，应与之保持适当的距离，以免发生危险。

6. 在铁饼和链球比赛中，一旦发生铁饼或链球碰撞挡网后又落在落地区内的情况，如果运动员没有犯规现象，则成绩仍然有效。

7. 有关裁判员应在比赛开始前向运动员讲解注意事项，在比赛中维持比赛场地的良好秩序。

第 6 节　铁饼运动的赛事组织

铁饼运动的比赛项目有奥运会铁饼项目、世界杯田径赛铁饼项目、世界田径锦标赛铁饼项目、国际投掷赛铁饼项目等。

奥运会田径项目——铁饼

铁饼运动起源于公元前 12 世纪至公元前 8 世纪希腊人投掷石片的活动。公元前 708 年第十八届古代奥运会列为五项全能项目之一。铁饼最初为盘形石块，后逐渐采用铜、铁等金属制作。现代奥运会史上，曾

铅球与铁饼

经有过双手掷铁饼的比赛项目（左手+右手）。铁饼可用木料或其他适宜材料制作，男子铁饼重2公斤，直径22厘米；女子铁饼重1公斤，直径18.1厘米。比赛时，运动员应该在直径2.50米的圈内将饼掷出，铁饼必须落在40°的角度线内方为有效。男、女铁饼分别于1896年和1928年被列为奥运会比赛项目。

国际田径联合会

世界铁饼运动由国际业余田径联合会(IAAF)负责管理。国际田联1912年成立于瑞典斯德哥尔摩，现有会员国210个，总部设在英国伦敦。

联合会的宗旨是：开展世界田径运动；在所有会员之间建立友好关系；采取必要措施反对种族、政治和宗教信仰歧视，为不同种族、不同政治态度和不同宗教信仰的运动员参加国际比赛消除障碍；制定国际比赛的章程和规则，保证会员之间的比赛按田联制定的章程和规则进行；与新的国家田协联系，解决在田径运动中出现的有争议的问题；与奥运会组委会合作举办田径比赛；制定世界纪录登记规章。中国于1928年加入该组织，后由于政治原因于1958年退出，1978年国际田联恢复了中国在该

组织的合法地位。

世界杯田径赛

世界杯田径赛（IAAF World Cup in Athletics）是由国际田联（IAAF）主办的一项高水平田径赛事。

20 世纪 70 年代前，世界性田径赛，只有国际田联与国际奥委会共同举办的奥运会田径赛。国际田联从 20 世纪 60 年代中期就已开始的欧洲杯田径赛中得到启迪，想仿效欧洲杯赛，组织与之类似的世界性田径赛，借以促进世界特别是亚非田径运动的发展。经过多年酝酿，1975 年组办这类比赛的方案基本形成。随后国际田联向各国和地区田径组织征询了有关意见、1976 年 7 月第二十一届蒙特利尔奥运会期间国际田联会议正式通过决议。决定举办世界杯田径赛，每两年一届，赛期在奥运会前一年或后一年。

1977 年于联邦德国杜塞尔多夫举行了首届世界杯赛，随后 1979 年于加拿大蒙特利尔、1981 年于意大利罗马召开了第二届和第三届。1981 年第三届杯赛后，按理第四届应在 1983 年举行。因国际田联首次组办的另一种世界赛——世界田径锦标赛定在该年，杯赛改期在 1985 年于澳大利亚堪培拉举行。并从此开始，杯赛由两年一届改为四年一次，赛期固定在奥运会后一年。

世界杯田径赛只举行决赛，参赛的共 8 个队：美国队；欧洲杯冠亚军各 1 个队；五大洲每洲各 1 个队，由所在洲田联选拔产生。但是，1981 年第三届杯赛于罗马举行时，东道主意大利单独派了 1 个队出席，成为 9 个队。

铅球与铁饼

在1989年和2002年东道主也派队参加了比赛。

杯赛每个项目各代表队限一人或一队（接力项目）参加。计前八名团体总分，办法是：单项或接力赛第一名8分，第二名7分，以此类推。

世界杯赛设置的项目相对来说较少。从1977年至1985年的四届，男子固定为20项，无竞走、马拉松和十项全能；女子项目略有变化，1977年为14项；1979年增加了400米栏；1985年又加设了10000米，发展到16项，同男子一样，未设马拉松和全能项目。世界杯赛是第一个将女子400米栏、3000米跑列入世界性大赛的。